Obermayr • Schmankerln aus Oberösterreich

Helmut Obermayr (Hrsg.)

Schmankerln aus Oberösterreich

Kulinarische Streifzüge durch die bodenständige Küche
Das Radio-Oberösterreich-Kochbuch
erstellt in Zusammenarbeit mit der OÖ. Rundschau

Redaktionelle Betreuung:
Ute Drexel
Erna Fleischanderl
Renate Lazelsberger

LANDESVERLAG

Die Rezepte dieses Buches sind Einsendungen von ORF-Oberösterreich-Hörern und Lesern der OÖ Rundschau.
Die Auswahl und die Bearbeitung der Rezepte sowie die Zubereitung und das Anrichten der für den Bildteil notwendigen Gerichte besorgten Ute Drexel, Erna Fleischanderl und Renate Lazelsberger.
Einen Teil des verwendeten Geschirrs stellte freundlicherweise die Firma Schachermayer, Linz, zur Verfügung. Die Leinentischdecken kommen aus der Leinenweberei Vieböck, Helfenberg.
Die Gerichte fotografierte Manfred Dall, Linz.

Die Mengenangaben beziehen sich auf ca. 6 Portionen.
Abweichungen wurden in der Zutatenspalte vermerkt.

Titelbild:
Schnitzel und Erdäpfel gehören zur oberösterreichischen Hausmannskost. Köstlich schmecken in Butterschmalz gebratene Schnitzel aus Erdäpfelteig mit Speckwürfeln (Rezept Seite 63). Als Beilage wird gedünstetes Blaukraut gereicht.

Die Deutsche Bibliothek – CIP-Einheitsaufnahme

Schmankerln aus Oberösterreich:
Kulinarische Streifzüge durch die bodenständige Küche [das Radio-Oberösterreich-Kochbuch] /
Helmut Obermayr
– Linz: Landesverl., 1999
ISBN 3-85214-572-4
NE: Obermayr, Helmut (Hrsg.)

7. Auflage (1999)
Gedruckt in Österreich
Lektorat: Barbara Strobl, Linz
Fotos: Fotostudio Manfred Dall, Linz
Umschlaggestaltung: Hans Schaumberger, Wien
Illustrationen und Layout: Otto Kolano, Leonding
Offsetreproduktion: Repro & Montage Service, Linz
Satz, Druck, Bindung: LANDESVERLAG Druckservice Linz

ISBN 3-85214-572-4

Inhalt

Einleitung

„Seht, essen muß der Mensch. Das weiß ein jeder. Doch was er ißt, fließt ein auf all sein Wesen." So heißt es in einem sehr österreichischen Stück eines über die Maßen österreichischen Dichters – in der Komödie „Weh dem, der lügt" von Franz Grillparzer. Das Zitat ist etwas verkürzt. Leon, der Küchenjunge hält auf diese Weise dem Bischof, dem er dient, eine kleine Moralpredigt. Sinngemäß heißt es dann, wer nur Fastenspeise esse, der neige wohl auch zu allzu trockenen Gedanken. Ohne auf den Wert der Askese einzugehen, wollen wir diese dichterische Anregung an die Spitze unseres Kochbuchs mit oberösterreichischen Schmankerln stellen.

Nehmen wir nun einmal an, es sei richtig, was der Küchenjunge Leon, der sich als Koch für das Wohl seines Herrn verantwortlich fühlt, diesem ins Gewissen redet. Und dann wagen wir einen Blick in die heimischen Kochtöpfe. Recht abwechslungsreich ist es zugegebenermaßen nicht, was in den heimischen Pfannen brutzelt, in den Töpfen siedet oder in den Backrohren gebraten wird. Gehen wir noch einmal davon aus, daß unser klassischer Koch recht hat. Dann müßten wir daraus schließen, daß auch das Leben, das wir führen, nicht sehr abwechslungsreich ist. Eintönig fließt es dahin zwischen Arbeit daheim und Arbeit im Beruf. Und oft ist es jahrein, jahraus dieselbe Arbeit, die getan werden muß. So fließt so manchem sein Leben dahin, ohne daß er am Ende recht weiß, von welchen Höhepunkten er denn berichten könnte.

Anderswo hat längst die Schnellküche ihren Einzug gehalten. Ein Einzug im feierlichen Sinn ist's keinesfalls. Denn wessen Speiseplan sich zwischen Fertigpizza und Packerlsuppe bewegt, der wird beim Mahl kaum mehr Feierlichkeit empfinden. Schnell muß es gehen, das Zubereiten der Nahrung. Schnell muß es überhaupt viel zu oft in unserem Leben gehen.

Das vorliegende Buch freilich kann beweisen, daß alles doch nicht so schlimm ist, wie jene Pessimisten glauben, die seit Jahrzehnten das Abendland ständig untergehen sehen. Die Rezepte dieses Buches stammen samt und sonders nicht von berühmten Köchen, sondern von Hörerinnen und Hörern von Radio Oberösterreich und Leserinnen und Lesern der Oberösterreichischen Rundschau. Man verzeihe, daß ihnen soeben die Berühmtheit abgesprochen wurde. Manche oder mancher von ihnen wird im Kreis der Familie oder der Freunde ob der Kochkünste hoch

7

angesehen sein. Ich meine damit, daß noch in keinem Buch oder in keiner noblen Feinschmeckerzeitschrift je ihr oder sein Name erwähnt wurde.

„Regionale Küche" hieß vor einigen Jahren das moderne Schlagwort der neuen Eßkultur. Wobei hier wirklich „Eßkultur" ganz und gar nicht ironisch gemeint ist. Denn dieser Aufruf zur Neuen Regionalen Küche hat tatsächlich vieles gutgemacht, was auf einfallslosen Speisekarten und ebenso einfallslosen Haushaltsherden zu finden war. Fast schien es schon, als seien all die Köstlichkeiten, die wir bei unseren Müttern oder Großmüttern so besonders geschätzt hatten, ein Stück Vergangenheit. Aber die Pofesen haben gesiegt. Und auch die Saiblinge und die Knödel sind nicht mit dem heimischen Stück Abendland untergegangen. Neue Freude am Essen ist aufgekommen. Spitzenköche haben erkannt und verbreitet, daß das frische Produkt aus dem Land wesentlich köstlicher sein kann als exotische Produkte, die tiefgekühlt oder halbreif zu uns kommen. Was Feinschmecker und deren Lieblingsköche einmal erkannt haben, das können sie nicht für sich behalten. Und so ist aus vielen Wirtshäusern das Steak Hawaii Gott sei Dank verschwunden.

Freilich scheint die Gefahr jetzt auf der anderen Seite zu liegen. Nur gebackene Speckknödel und Blunzengröstl machen beileibe den Reichtum der Küche nicht aus. Schließlich gehen ja auch nicht alle von uns jeden Tag in der Lederhose oder dem Dirndlkleid spazieren. Schließlich wohnen nicht alle von uns in mit Hirschgeweihen verzierten Bauernhäusern oder ländlichen Einfamilienhäusern. Und schließlich hat man in den Küchen dieser Häuser stets auch anderes als Blunzengröstl oder gebackene Speckknödel gegessen.

Unser Land ist von einer großartigen Vielfalt, die vom einfachen Bergbauernhof zum prächtigen Barockstift, von der Weite der Welser Heide bis zum dunklen Böhmerwald, zum bizarren Kalkgebirge reicht. Zur Vielfalt dieses Landes gehört der Landwirt aus dem Florianer Land wie der Tischler im Innviertel oder hochqualifizierte Facharbeiter im Industriebetrieb. Nein, mit gebackenen Speckknödeln und Blunzengröstl allein wird man der Vielfalt des Landes und seiner Menschen nicht gerecht.

Wir wollen auch weit davon entfernt sein, einen lukullischen Nationalismus zu pflegen. Die verhängnisvolle Überheblichkeit der Überzeugung, das eigene Volk sei besser als jedes andere, darf auch in der Küche keinen Platz haben. Jedes Land hat seine hervorragenden Spezialitäten, von denen man viele mit denen unserer Gegend vergleichen kann. Auch internationale Vielfalt ist es, die uns in dieser Zeit des Wohlstandes zur Verfügung steht und an der wir uns auch erfreuen dürfen. Zu dieser Vielfalt gehört aber auch, was bei uns in der Erfahrung vieler Jahrhunderte in den Küchen erfunden und komponiert wurde. Die Vielfalt wäre ein wenig ärmer, würde unser Beitrag verschwinden.

Wer durch die Lande fährt, der wird auch mit seinem Ohr viel Abwechslung erleben. Auch diese Vielfalt soll erhalten bleiben. Und darum ist es so maßlos traurig, wenn unsere Marillen durch die Aprikosen ersetzt werden, wenn die Erdäpfel von den Kartoffeln und die Paradeiser von den Tomaten schon fast verdrängt worden sind. Da wird einem schamlos Blumenkohl statt Karfiol angeboten, und daß die Johannisbeeren bei uns eigentlich Ribisel heißen, weiß sowieso niemand mehr, seit der Saft dieser köstlichen Früchte als Gesundheitselixier flaschenweise im Handel angeboten wird. Viele haben längst vergessen, daß Sahne in einem österreichischen Kaffee nichts zu suchen hat, weil in den einfach Obers gehört. Und es wird wohl auch nicht mehr lang dauern, bis die Faschierten Laibchen von den Frikadellen abgelöst werden, die Stelzen vom Eisbein. In unseren Fremdenverkehrsgebieten liest man das schon seit Jahren.

Wer meint, er müsse sich auf diesem Weg unseren Gästen anpassen, der irrt. Wenn unsere deutschen Freunde nichts anderes hören und essen wollten, als sie auch zu Hause bekommen, dann würden sie gleich daheim bleiben. Allein die Tatsache, daß sie zu uns reisen, beweist doch, daß sie unsere Art mit unserer Sprache und unseren Eigenheiten liebenswert finden. Warum erhalten wir dann unsere Art eigentlich nicht? Daß man sich nicht dem Diktat der internationalen tiefkühlkosterzeugenden Konzerne beugen muß, haben manche Länder schon eindrucksvoll bewiesen. Kein noch so großer Nudelproduzent wird es schaffen, die Italiener von den eierlosen Spaghetti aus Hartweizengrieß abzubringen. Deshalb brauchen auch wir uns die Aprikosenkonfitüre statt der Marillenmarmelade nicht gefallenzulassen.

Dieses Buch bringt eine große Zahl von Rezepten, die in den Küchen unseres Landes verwendet werden. Das Landesstudio Oberösterreich des ORF und die Oberösterreichische Rundschau wollen gemeinsam mit dem Landesverlag dazu beitragen, daß die

Vielfalt der Küche unseres Landes erhalten und weitergegeben wird. Es konnten bei weitem nicht alle eingesandten Vorschläge in das Buch aufgenommen werden. So haben die fachkundigen Damen, die die Auswahl der Rezepte vorgenommen haben, darauf geachtet, aus allen Bereichen – von der Suppe bis zur Mehlspeise und bis zum Likör – einen Überblick zusammenzustellen.

Viele Rezepte, die sehr ähnlich waren, werden daher stellvertretend von einem vertreten. In manchen Fällen freilich war gerade die Verschiedenartigkeit der Zubereitung einer Spezialität das Besondere, sodaß hier wiederum diese Vielfältigkeit Grund für die Auswahl war. Es sind auch nicht nur alte Rezepte, die hier zusammengefaßt sind. Das Leben entwickelt sich weiter, unsere Gesellschaft hat eine rasante Änderung erfahren. Das spiegelt sich – siehe Grillparzer am Beginn – auch im Essen wider.

Fachlehrerinnen der Höheren Bundeslehranstalt für wirtschaftliche Berufe in der Linzer Landwiedstraße haben die Rezepte ausgewählt und bearbeitet. Ute Drexel, Erna Fleischanderl und Renate Lazelsberger sind Meisterinnen ihres Faches. Mit Begeisterung und viel Können vermitteln sie seit Jahren ihren Schülerinnen und Schülern das Wissen um eine zeitgemäße, gesunde und doch bodenständige Ernährung.

Ihre Aufgabe war oft recht schwierig, denn viele hundert Rezepte sind recht unterschiedlich in der Genauigkeit ihrer Angaben und im Aufbau. Im wesentlichen wurden die Rezepte so weitergegeben, wie sie eingelangt sind. Es war nicht möglich, sie alle auf ein einheitliches Maß zu bringen. So sind die Portionsmengen unterschiedlich. Die Hausfrau oder der Hausmann wird aber aufgrund eigener Erfahrung recht gut einschätzen können, wie viele hungrige Mäuler unter Berücksichtigung der jeweiligen Angaben satt werden. Die Entscheidung für diese Vorgangsweise wurde lange überlegt. Eine allzu gründliche Überarbeitung und Neubearbeitung hätte wohl dazu geführt, daß die Einsenderinnen und Einsender ihr eigenes Rezept nicht mehr erkannt hätten. Aber schließlich soll es doch das Kochbuch der Hörerinnen und Hörer von Radio Oberösterreich und der Leserinnen und Leser der Oberösterreichischen Rundschau sein, mit dem Sie nun hoffentlich viel Vergnügen und Erfolg haben werden.

Dr. Helmut Obermayr

Suppen

Die Suppe gehört bei uns für viele Menschen einfach zu einem ordentlichen Mittagessen dazu. Fast in jedem Gasthof wird man ein Menü finden, bei dem als Vorspeise eine Suppe angeboten wird.

Am einfachsten werden Suppen in Cremesuppen und klare Suppen unterschieden. Cremesuppen sind meistens mit Mehl gebunden, Püreesuppen wiederum mit Erdäpfeln, Hülsenfrüchten oder anderem Gemüse. Klare Suppen bezeichnet man anderswo mit dem Wort Brühe. Wer einmal darüber nachgedacht hat, welche unappetitlichen Flüssigkeiten bei uns gemeinhin als Brühe bezeichnet werden, wird seine Suppe im Teller nicht so nennen. Diese klaren Suppen werden aus Fleisch gekocht, hauptsächlich aus Rindfleisch. Aber man kennt auch die Hühnersuppen und vor allem in der bäuerlichen Küche Schweinssuppen, bei denen im Topf Schweinefleisch gesotten wird.

Rahmsuppen waren eine Zeitlang ganz aus der Mode. Sie galten ein wenig als „Arme-Leute-Essen". Bei den Bauern wurde früher Rahmsuppe oft auch am Morgen gegessen. Suppen, die ebenfalls nicht an Mittagessen gebunden sind, sind Spezialitäten wie die Fischbeuschlsuppe oder die Gulaschsuppe. Solche kräftigen Suppen werden gern zum zweiten Frühstück, zum Gabelfrühstück, genossen.

Ein köstliches Kapitel jedes österreichischen Kochbuches sind die Suppeneinlagen. Nach ihnen werden die Suppen ja häufig benannt: Die Nudelsuppe, die Leberknödelsuppe, die Frittatensuppe, die Fleischstrudelsuppe fehlen auf kaum einer österreichischen Speisekarte. Zur Nudelsuppe ist nichts Weiteres zu sagen. Sie gehört nach wie vor zu den beliebtesten ihrer Gattung. Die Liebe zu den Nudeln haben wir wohl mit den Italienern gemein, die wie viele andere Nachbarvölker unsere Küche beeinflußt haben. Eine Spezialität unseres Landes sind die Frittaten, geschnittene Palatschinken. Man könnte sie auch unter dem Kapitel „Resterlverwertung" anführen. Das Wort Frittaten haben übrigens die Sprachanpasser noch nicht abschaffen können. Denn „feingeschnittene Pfannkuchen in der Rinderkraftbrühe", das käme nicht einmal den anpassungsfähigsten Köchen oder Wirten in den Sinn.

Schon im Kapitel Suppen begegnen wir auch den Strudeln. Ob Fleischstrudel, Lungenstrudel oder Blunzenstrudel, in jedem Fall wird in ganz dünne Teigblätter Fleisch oder Faschiertes eingeschlagen. Der Strudel wird dann entweder in der Suppe gekocht oder vorher noch gebacken. Wer den Fleischgenuß einschränken mag, der kann für seine Suppe auch Gemüsestrudel wählen. Knödel und Schöberln sind weitere beliebte Suppeneinlagen. Daß Nockerln - Butternockerln oder Grießnockerln - im Kapitel Suppe nicht fehlen dürfen, versteht sich von selbst.

Damit ist freilich nur die Hälfte des Kapitels behandelt. Die vielen Arten verschiedener Gemüsesuppen, die Rahmsuppen sind unter den folgenden Rezepten reichlich vertreten.

Rahmsuppe –
Echte Seihsuppe

1 l Wasser	
Salz, Pfeffer	
Kümmel	
Muskatnuß	
1 B. Rahm	
1 EL Mehl	

- Wasser mit Salz, Kümmel, Pfeffer u. Muskatnuß aufkochen,
- einige Male aufwallen lassen,
- inzwischen Rahm mit Mehl glatt verrühren,
- etwas Kochwasser überkühlen lassen u. damit das Rahmgmachterl gut verrühren.
- Dieses Gemisch nun in das übrige Wasser einrühren u. unter gelegentlichem Rühren einige Male aufwallen lassen.

Anmerkung: In diese deftig-kräftige Suppe passen am besten Brotwürfel mit viel Rinde. Diese Suppe schmeckt säuerlich, auf gar keinen Fall süßlich. Sie wurde früher bei den Bauern zum Frühstück gegessen.

Maria Eschlböck, Bräuberg 20, 4730 Waizenkirchen

Saure Suppe aus
Großmutters Kochbuch

(10 Portionen)	
2 l Buttermilch	
Kümmel	
Salz	
1/2 l Vollmilch	
2–3 EL Mehl	
1/4 l Schlagobers	

- Die Buttermilch in einem Topf mit etwas Kümmel erhitzen,
- In der Zwischenzeit Vollmilch mit Mehl verquirlen,
- mit Schlagobers in die heiße Buttermilch rühren,
- nochmals kurz aufkochen,
- erst bei Tisch salzen.

Anmerkung: Als Beilage Braterdäpfel:
Im Rohr möglichst gleichgroße Erdäpfel braten, nachher aufbrechen u. mit Salz zur Suppe essen.

Elfriede Wurhofer, 5145 Neukirchen/Enkn. 76

Seihsupp'n mit an Oafisch

1/4 l *Wasser*
Salz
1 TL *Kümmel*
1–2 EL *Mehl*
1/2 l *Buttermilch*
1 *Spritzer Essig*
2–3 EL *Rahm*

- In einem breiten Topf gut bodenbedeckt Wasser zum Kochen bringen,
- Salz u. Kümmel beigeben,
- Buttermilch dazugeben u. aufkochen lassen, bis die Buttermilch zusammenfällt (der Topfen, der sich am Boden absetzt, bleibt in der Suppe),
- Rahm mit Mehl zu einem Gmachtl verrühren,
- in die kochende Suppe einrühren,
- aufkochen lassen, umrühren,
- mit einem Spritzer Essig säuern,
- Brotschnitten in die Suppenschüssel geben u. die Suppe darübergießen.

Anmerkung: In die Suppe kommt noch der Oafisch (= pochiertes Ei).

Maria Obermüller, Remersdorf 3, 4083 Haibach

Buttermilchlauchsuppe

30 dag *Erdäpfel*
1/2 l *Wasser*
3 dag *Butter*
3 dag *Mehl oder*
Weizenvollmehl
1/4 l *Buttermilch*
Salz, Pfeffer
Zucker
1/2 *Stange Porree*

- Erdäpfel waschen, schälen u. klein würfeln,
- in Wasser od. Suppe bißfest kochen,
- Wasser abgießen u. aufheben,
- Fett erhitzen, Mehl einrühren u. kurz durchrösten,
- mit Kochwasser aufgießen, verkochen lassen,
- Buttermilch einrühren, erhitzen, aber nicht mehr kochen,
- Erdäpfelwürfel einlegen, abschmecken,
- Porree putzen u. waschen,
- in sehr feine Streifen schneiden u. auf die Suppe streuen.

Rosa Ranseder, Sindhöring 15, 4973 St. Martin

Suppen

Bauernsuppe

1 l Sauermilch
20 dag Grieß
2 Eier
1/4 l Schlagobers
Salz
Schnittlauch

- Sauermilch kochen,
- in die abgekühlte, noch lauwarme Milch unter ständigem Rühren Grieß einrieseln lassen u. weich kochen,
- dann mit in Schlagobers verrührtem Ei legieren (nicht mehr kochen).
- Die fertige Suppe mit Schnittlauch bestreuen.

Hans Bauer, Siedlung 162, 4843 Ampflwang

Germsuppe

1 EL feingehackte Zwiebeln
5 dag Butter
Mehl
1 EL feingehackte Petersilie
etwas Kümmel
1 P. Germ
1 l Rindsuppe

- Zwiebeln fein hacken,
- in Butter anrösten,
- mit Mehl stauben,
- mit Petersilie u. Kümmel würzen,
- die Germ dazubröseln,
- das Ganze gut durchrühren,
- mit der Suppe aufgießen u. aufkochen lassen,
- abschmecken.

Anmerkung: Mit gerösteten Semmelwürfeln servieren.

Eva Tomek, Sonnensteinstraße 7, 4040 Linz

Suppen

Dinkelsuppe

10 dag	Dinkelmehl
8 dag	Butter
1 l	Wasser
2	Gemüsewürfel
	Salz, Pfeffer
	Muskatnuß

- Dinkel frisch mahlen,
- in etwas Butter anrösten,
- mit Wasser aufgießen,
- Gemüsewürfel dazugeben u. gut köcheln lassen,
- mit Salz, Pfeffer u. Muskatnuß würzen.

Anmerkung: Mit geröstetem Knödelbrot u. viel Schnittlauch servieren.

Johanna Resch, Lerchenweg 8, 4150 Rohrbach

Erdäpfelsuppe

5 dag	Schweineschmalz
10 dag	Selchfleisch
1	Zwiebel
	etwas Mehl
1 l	Wasser oder Suppe
50 dag	Erdäpfel
	Salz, Pfeffer
	Muskatnuß
	einige Lorbeerblätter
1	Spritzer Mostessig

- In einem Topf Schweineschmalz erhitzen,
- darin in Würfel geschnittenes Selchfleisch u. feingehackte Zwiebel anrösten,
- etwas Mehl dazugeben, kurz einbrennen,
- mit Wasser oder Suppe aufgießen,
- ca. 1 cm groß gewürfelte Erdäpfel hineingeben,
- mit Salz u. Pfeffer, geriebener Muskatnuß, Lorbeerblättern u. einem Spritzer Mostessig würzen.
- Die Suppe leicht kochen lassen, bis die Erdäpfelwürfel weich sind, dabei öfters umrühren.

Anmerkung: Als Beilage Brotzelten.

Suppen

„Rohe" Erdäpfelsuppe

(8 Portionen)
3 Zwiebeln
3 Porreestangen
4 dag Butter
1 1/2 l kräftige Rindsuppe
50 dag Erdäpfel
Salz
2 Karotten
1 Sellerie
2 Eier
4 EL Rahm

- Zwiebeln u. geputzte Porreestangen sehr fein hacken,
- in Butter glasig dünsten,
- mit Suppe aufgießen,
- die geschälten Erdäpfel, Karotten u. Sellerie mit einem Reibeisen in die kochende Suppe raffeln.
- 20–30 Min. lang kochen lassen,
- die verquirlten Eier unter Rühren einlaufen lassen,
- mit Rahm verfeinern u. abschmecken.

Johanna Fischer, Zaglau 7, 4160 Aigen

Knoblauch-Karotten-Suppe (sehr mild)

1 l Suppe (Würfelsud)
2 Karotten
1 kleines St. Sellerie
8 Knoblauchzehen
1/4 l Rahm
1 EL Mehl
Salz, Pfeffer

- Karotten u. Selleriewürfel in der Suppe weichkochen,
- pürieren,
- Knoblauch hineinpressen,
- Rahm mit Mehl versprudeln u. dazugeben,
- einige Minuten leicht köcheln lassen,
- mit Salz u. Pfeffer abschmecken.

Anmerkung: Mit in Butter gerösteten kleinen Weißbrotwürfeln servieren.

Elfi Beranek, Hafnerweg 7, 3352 St. Peter in der Au

Knoblauchsuppe

(8 Portionen)

1 1/2 l	*Wasser*
4	*Knoblauchzehen*
5 dag	*Schmalz oder Butter*
25 dag	*Erdäpfel*
	Salz
	Kümmel
	Majoran

- Die geschälten u. in Würfel geschnittenen Erdäpfel in Salzwasser mit Kümmel gar kochen,
- kurz vorher den mit Salz fein zerdrückten Knoblauch u. Schmalz oder Butter beifügen,
- mit Suppenwürze u. Majoran abschmecken.

Anmerkung: Als Einlage geröstete Brot- oder Weißbrotwürfel geben.

Hans Bauer, Siedlung 162, 4843 Ampflwang

Feine Knoblauchsuppe

(8 Portionen)

10 dag	*Margarine*
10 dag	*Mehl*
1 1/2 l	*Rindsuppe*
8 mittelgroße	*Knoblauchzehen*
	etwas Salz
1/2 B.	*Crème fraîche*
	gehackte Petersilie

- Margarine zergehen lassen,
- Mehl dazugeben u. anschwitzen lassen,
- mit Rindsuppe aufgießen u. die feingeschnittenen Knoblauchzehen zugeben,
- aufkochen u. ziehen lassen,
- etwas salzen,
- mit Crème fraîche verfeinern,
- mit gehackter Petersilie bestreuen.

Anmerkung: Dazu schmecken warmes Jourgebäck oder geröstete Semmelwürfel.

Monika Lacher, Steinerne Wehr 30, 4812 Pinsdorf

Mühltaler Knoflsuppe

(4 Portionen)

3/4 l gute Rindsuppe

8 Knoblauchzehen

4 ganze Eier

geröstete Schwarzbrotwürfel

- Suppe aufkochen,
- den Knoblauch hineinpressen,
- die Eier aufschlagen u. mit der Gabel hineinschlagen (die Suppe darf nicht mehr kochen),
- die Brotwürfel draufgeben u. zu Tisch bringen.

Maria Obermüller, Remersdorf 3, 4083 Haibach

Bärlauchsuppe

3 Schalotten oder

1 Zwiebel

5 dag Butter

5 g getrocknete

Schwammerln

1 Lorbeerblatt

1 l Suppe

25 dag Bärlauchblätter

etliche Gierschblätter oder

Petersilie

schwarzer Pfeffer

1/8 l Rahm

Weißwein

- Schalotten fein hacken,
- in Butter anlaufen lassen,
- die über Nacht eingeweichten, abgetropften Schwammerln dazugeben,
- mit Suppe aufgießen u. mit dem Lorbeerblatt weichkochen,
- gewaschene Bärlauchblätter feinnudelig schneiden u. in die Suppe geben,
- mit etwas Weißwein u. Rahm verbessern, noch 2 Min. ziehen lassen,
- mit feingehacktem Giersch oder Petersilie bestreuen.

Anmerkung: Hirnpofesen sind eine prima Ergänzung zur Suppe.

Maria-Therese Scheidleder, Larnhauserweg 1, 4060 Leonding

Neun-Kräuter-Suppe

8 Portionen:

20 dag Kräuter: Kresse, Kerbel,
Petersilie, Dill,
Schnittlauch,
Sauerampfer,
Brennessel,
Löwenzahn,
Spitzwegerich

10 dag Butter

Knoblauch

1 Zwiebel

8 dag Mehl

1/4 l Rahm

Pfeffer

1 1/2 l Fleischsuppe

10 dag passierter Spinat

- Gehackte Zwiebel, Knoblauch, 2/3 der Kräuter in 5 dag Butter anlaufen lassen,
- passierten Spinat dazugeben,
- aus 5 dag Butter u. Mehl eine Einbrenn zubereiten,
- mit Suppe aufgießen,
- verkochen lassen u. zu den Kräutern seihen,
- aus dem Rahm mit dem restlichen Mehl ein Gmachtl herstellen,
- mit der Schneerute einrühren,
- kurz kochen lassen.

Hedwig Moser, 5164 Seeham 259

Dechantensuppe

1 1/2 l Wasser

10 dag Speck

2 EL Haferflocken

10 dag Wurzelgemüse

1 kleine Zwiebel

Salz, Pfeffer

Paprika

- In Würfel geschnittenen Speck auslassen,
- feingehackte Zwiebel u. Gemüse zugeben,
- kurz anbraten,
- Haferflocken zufügen u. hellgelb rösten,
- alles mit Wasser aufgießen,
- gut durchkochen, würzen u. salzen.

Hans Bauer, Siedlung 162, 4843 Ampflwang

Schwammerlsuppe

50 dag	Champignons, Herrenpilze oder Eierschwammerln
10 dag	Butter
1	Zwiebel
	Petersilie
6 dag	Mehl
1/2 l	Milch
1/4 l	Wasser
3	Erdäpfel
	Kümmel
1/8 l	Rahm

- Schwammerln putzen, fein schneiden,
- in Butter mit Zwiebel u. Petersilie weichdünsten,
- aus 5 dag Butter u. Mehl eine goldgelbe Einbrenn zubereiten,
- mit gewässerter Milch aufgießen,
- salzen u. pfeffern,
- geschälte, würfelig geschnittene Erdäpfel weichkochen.
- Wer den Geschmack liebt: etwas Kümmel in einem Säckchen mitkochen.
- Die Suppe mit den Schwammerln mischen u. mit Rahm legieren.

Hildegunde Fries, Grillparzerstraße 7, 4560 Kirchdorf

Krautsuppe

(8 Portionen)	
1	mittelgroße Zwiebel
15 dag	durchzogener Speck
1 kg	Sauerkraut
	Wasser oder Suppe
1 Paar	Debreziner
	Salz, Pfeffer
	Kümmel
1/4 l	Rahm

- Zwiebel u. Speck klein schneiden,
- gut anrösten,
- Sauerkraut dazugeben u. weichdünsten,
- mit Wasser oder Suppe nach eigenem Ermessen aufgießen,
- mit gebratenen Debrezinerscheiben verbessern,
- mit etwas Salz sowie Kümmel u. Pfeffer abschmecken.
- Jede Portion mit 1 EL Rahm servieren.

Anmerkung: Rezept aus dem Hausruckviertel.

Hanna Kastner-Blumschein, Koberbergweg 14, 5020 Salzburg

Sauerkrautsuppe

1/4 l Rahm
1/2 l Sauermilch
25 dag Sauerkraut
3 dag Butter
2 dag Mehl
25 dag Erdäpfel
Salz

- Sauerkraut zerschneiden,
- in 1/2 l Salzwasser 30 Min. kochen,
- geschälte, in Würfel geschnittene Erdäpfel zugeben (die ca. 10 Min. vorgekocht wurden),
- Sauermilch mit Mehl verrühren u. über das Kraut gießen,
- unter ständigem Rühren aufkochen.
- Fertige Suppe mit Butter verfeinern.

Hans Bauer, Siedlung 162, 4843 Ampflwang

Kohlcremesuppe

40 dag Kohl
20 dag mehlige Erdäpfel
10 dag Sellerie
Salz, Pfeffer
Kümmel
15 dag gekochtes, teilsames
Selchfleisch
1/8 l Schlagobers
2 Dotter

- Erdäpfel u. Sellerie würfeln,
- Kohl grobnudelig schneiden,
- in Salzwasser, gewürzt mit Kümmel u. Pfeffer, weichkochen,
- Gemüse mit Sud pürieren (ev. mit etwas Suppe aufgießen),
- das Selchfleisch klein würfeln u. in der Suppe heiß werden lassen (nicht mehr kochen!),
- Schlagobers mit den Dottern glattrühren u. die Suppe damit legieren,
- mit Petersilie bestreuen.

Anmerkung: Als Einlage in Butter geröstete Weißbrotwürfel reichen.

Erika Lahnsteiner, Marktfeld 23, 4890 Frankenmarkt

Innviertler Mostsuppe

1 l Most
5 dag Butter
5 dag glattes Mehl
2 Dotter
1/2 l Schlagobers
4 Scheiben Weißbrot, würfelig geschnitten
Salz, Pfeffer

- Most zum Kochen bringen,
- eine Einmach aus Butter u. Mehl bereiten,
- mit heißem Most langsam aufgießen,
- versprudeln u. verkochen lassen,
- Dotter u. Schlagobers gut verrühren,
- in die nicht mehr kochende Suppe einrühren,
- die in Butter gerösteten Weißbrotwürfel in den Teller geben u. Suppe darübergießen.

Gertrude Wörlinger, Langdorf 10, 4910 Mehrnbach

Biersuppe

(für 2 Personen)
1/4 l helles oder dunkles Bier
2 Dotter
1,5 dag Zucker
1,5 dag Mehl
1/8 l Schlagobers
Salz

- Bier mit Zucker u. Salz zum Sieden bringen,
- unter ständigem Rühren in Schlagobers verquirltes Mehl beifügen u. aufkochen,
- mit Dottern legieren.

Anmerkung: Als Einlage geröstete Weißbrotwürfel reichen.

Hans Bauer, Siedlung 162, 4843 Ampflwang

Feine Käsesuppe

6	Eckerln Rahmkäse
3	Dotter
6 dag	Butter
1/4 l	Schlagobers
1 l	Rindsuppe
	Muskat
	Salz
	Schnittlauch

- Geschnittenen Käse in die heiße Rindsuppe geben u. aufkochen lassen,
- Dotter u. Schlagobers abrühren u. mit der Butter zur Suppe geben,
- Suppe mit Muskatnuß u. Salz würzen,
- mit Schnittlauch bestreut servieren.

Anmerkung: Zum Servieren in die Suppe getoastete Toastecken geben.

Regina Schmidt, Grolzham 18, 4680 Haag/Hausruck

Kastanienhühnersuppe

1 kg	Hendlteile
1	Suppengrün
1	Zwiebel
	Salz
	Thymian
	Basilikum
1/8 l	Schlagobers
1	Dotter
20 dag	Kastanienreis
	etwas Cognac

- Hendlteile mit dem Suppengrün, der Zwiebel, Salz, Thymian u. Basilikum weichkochen,
- das Fleisch auslösen u. einige Stücke beiseite legen,
- das restliche Fleisch u. das Gemüse in die Suppe pürieren,
- Kastanienreis dazugeben,
- die restlichen Fleischstücke mit Cognac flambieren u. in die Suppe einlegen,
- mit dem Schlagobers u. dem Dotter legieren.

Anmerkung: Mit gerösteten Mandelblättchen anrichten.

Helga Friesenecker, Dietach 7, 4600 Wels

Hirnsuppe

20 dag	Kalbs- oder Schweinshirn
2 dag	Fett
1/2	Zwiebel
10 dag	Wurzelgemüse
5 dag	Fett
5 dag	Mehl
1/8 l	Milch oder Schlagobers
1	Dotter
	Salz
	gehackte grüne Petersilie

- Hirn mit siedendem Wasser abbrühen,
- enthäuten, zerrühren,
- auf hellgelber Zwiebel in Fett dünsten,
- den gesondert gekochten Gemüsesud mit der Einmach binden, aufkochen u. Hirn zufügen,
- die Suppe mit in Milch oder Schlagobers verquirltem Dotter legieren,
- abschrecken und mit Petersilie bestreut servieren.

Hans Bauer, Siedlung 162, 4843 Ampflwang

Fischsuppe

1 1/2 l	Wasser
	Kopf u. Innereien von 1 Karpfen
15 dag	Wurzelgemüse
5 dag	Butter
5 dag	Mehl
1	Dotter
1/8 l	Schlagobers
	Salz, Pfeffer
	Muskatblüte
	grüne Petersilie

- Kopf u. Innereien in Salzwasser gar kochen,
- die Suppe durchseihen, mit Einmach binden,
- in kleine Streifen geschnittenes, in Butter gedünstetes Gemüse zugeben,
- das von Gräten befreite Fischfleisch zufügen,
- die Suppe sodann mit in Schlagobers verrührtem Dotter legieren,
- mit gehackter Petersilie bestreuen.

Anmerkung: Als Einlage geröstete Weißbrotwürfel reichen.

Hans Bauer, Siedlung 162, 4843 Ampflwang

Fleischknödelsuppe

60 dag faschierte Schweinsschulter	• Faschiertes würzen, Eier, ausgedrückte Semmeln dazugeben,
2 eingeweichte, ausgedrückte Semmeln	• Bröseln daruntermischen,
2 Eier	• 20 Min. ziehen lassen,
Knoblauch, Petersilie	• Knödel formen,
Salz, Pfeffer, Majoran	• in die kochende Rindsuppe einlegen,
Bröseln nach Bedarf	• 20 Min. leicht kochen.

Ilse Gruber, Breitnerstraße 18, 4111 Walding

Schnittlsuppe

2 alte Semmeln	• Semmeln in Scheiben schneiden,
2–3 Eier	• Eier aufschlagen,
Salz, Pfeffer	• salzen u. pfeffern,
8 dag Margarine	• Semmelscheiben in Ei wenden,
1 l klare Suppe	• in heißer Margarine goldbraun backen,
Schnittlauch oder Petersilie	• mit kochender Suppe aufgießen,
	• mit Schnittlauch oder Petersilie bestreuen.

Helene Dorfer, 4957 Suben 70

Mehlhansl

6 dag Butter	• Butter flaumig rühren,
2 EL Milch	• Milch, Dotter u. Salz beigeben,
3 Eier	• Schnee schlagen,
Salz	• Schnee, Mehl u. gehackte Petersilie unterheben,
10 dag Mehl	• in einer Wandlform ca. 1/2 Stunde backen,
Petersilie	• Rauten schneiden.

Brunhilde Lehner, 4201 Eidenberg 2

Butternockerln

10 dag	*Butter*
2	*Dotter*
2	*Klar*
2 EL	*Milch*
	etwas Salz
15 dag	*Mehl*
1	*Semmel*

- Entrindete Semmel in Wasser einweichen,
- Butter mit Dottern flaumig rühren,
- Milch, Salz, gut ausgedrückte Semmel u. Mehl dazurühren,
- den Schnee unterheben.
- Mit 2 Löffeln kleine Nockerln stechen u. ins kochende Salzwasser einlegen,
- 10 Min. kochen.

Wilhelmine Dorfmayr, Wimhölzlstraße 24, 4020 Linz

Gschwendtknon

10 dag	*Weizenmehl*
1	*Ei*
1 gestr. TL	*Natron oder Backpulver*
	Salz
	Milch

- Alle Zutaten vermischen u. so viel Milch zufügen, daß ein ziemlich fester Teig entsteht,
- diesen mit dem Kochlöffel gut durchschlagen,
- mit einem nassen Löffel Nockerln abstechen u. in eine Suppe einkochen (ca. 8 Min. ziehen lassen).

Anmerkung: Die „Knon" werden in der Suppe mit Butter u. goldgelb gerösteten Zwiebeln serviert. Ein altes Kochrezept von meiner Großmutter aus der Gemeinde Eschenau (Nähe Neukirchen am Walde).

Theresia Kainz, Birkenweg 4, D-8391 Obernzell

Lumpistrudel

(10 Portionen)

75 dag	Beuschel mit Herz
20 dag	Wurzelwerk
1	Lorbeerblatt, Thymian
	Pfefferkörner, Salz
2	kleine Zwiebeln
1	Knoblauchzehe
8 dag	Schmalz
	Majoran, Petersilie
	Pfeffer
10 dag	Butter
Strudelteig:	
30 dag	Mehl
3 dag	Öl
1	Ei
ca. 1/8 l	Wasser
1 TL	Essig, Salz

- Beuschel, Wurzelwerk, Thymian, Lorbeerblatt, Pfefferkörner, Zwiebel, Knoblauchzehe u. Salz in reichlich Wasser ca. 1 Stunde kochen,
- herausnehmen u. auskühlen lassen.
- Aus Mehl, Öl, 1 Ei, Salz, Essig u. Wasser einen Strudelteig bereiten u. rasten lassen.
- Das Beuschel u. das Herz faschieren,
- die feingehackte Zwiebel im Schmalz anrösten,
- faschiertes Beuschel kurz mitrösten,
- mit Salz, Majoran, Petersilie u. Pfeffer würzen,
- den Strudelteig ausziehen,
- mit Butter beträufeln,
- den Teig zu 2/3 mit Faschiertem bedecken u. locker zusammenrollen.
- Mit dem Kochlöffel Portionsstücke abdrücken,
- diese in schwach kochendem Wasser 15 Min. ziehen lassen.

Anmerkung: In guter Rindsuppe auftragen.

Franz Truckenthammer, Fasangartenstraße 22, 4650 Lambach

Leberschöberln

8 dag	Butter
3	Dotter
15 dag	Leber
2	alte eingeweichte Semmeln
1	Zwiebel
	grüne Petersilie
	Salz, Pfeffer, Majoran

- Butter u. Dotter abtreiben,
- ausgedrückte Semmeln, in Fett angeröstete Zwiebel u. faschierte Leber dazumischen,
- mit Pfeffer, Salz u. Majoran würzen,
- Schnee u. gehackte Petersilie unterheben,
- auf das befettete Blech daumendick aufstreichen,
- im Rohr backen.
- Wenn fertig, in Rauten schneiden.

Maria Lang, Matthias-May-Gang 8, 4020 Linz

Hauptspeisen

Über das Hausfrauenleid wird in unserer Zeit viel gesagt, geschrieben und geklagt. Ich will mir's mit niemandem verderben und unterlasse daher alle weiteren Anmerkungen dazu außer jener, daß zum Leid auch der begeisterten Hausfrau wohl die tägliche Frage gehört: „Was koche ich denn heute wieder?" Nach dem Studium der folgenden Rezepte kann jede Hausfrau diese Frage auf Monate hin als gelöst betrachten. Vom Bratl über die verschiedenen Knödel, dem Leberschädl bis zu diversen Nockerln und anderen fleischlosen Hauptspeisen reicht unser Angebot. Wer sich hier noch nicht genug findet, kann im Kapitel „Mehlspeisen" nachschlagen.

Leider ist in diesem Bereich wirklich viel Küchenkultur verlorengegangen. Ein Fleischhauer hat mir einmal sein Leid geklagt. Er ist ein Meister seines Faches und würde seine Kundinnen und Kunden liebend gern beraten. Für jeden Zweck hat er Passendes anzubieten. Aber viele möchten einfach ein Stück zum Schnell-Abbraten. Deshalb haben wahrscheinlich auch die Fleischabteilungen der großen Supermärkte ihre Flächen immer mehr ausgedehnt. In Laufmetern gemessen, ist das auf Tassen und in Folie eingepackte Fleischangebot wohl beachtlich. In Wirklichkeit ist die Vielfalt, wie sie speziell der österreichischen Fleischküche immer eigen war, fast auf ein Minimum geschrumpft.

Mit ein bißchen Ehrfurcht und ein bißchen Wehmut denkt man da an das Thema Rindfleisch. Ehrfurcht nicht nur deswegen, weil weiland Kaiser Franz Joseph mit Vorliebe Tafelspitz zu speisen geruhte, sondern weil Österreichs Rindfleischküche besondere Tradition hat. Etwa 25 verschiedene Rindfleischsorten, die zum Kochen geeignet waren, kannte man im alten Österreich. Jeder hatte seine Spezialität. Der eine liebte es ein bißchen trockener, der andere etwas saftiger. Die paradiesischen Zustände sind wohl vorüber. Gekochtes Rindfleisch in seinen vielen Varianten paßt kaum in die moderne Schnellküche. Dabei kann man in einem Arbeitsgang zwei bis drei Mahlzeiten vorbereiten.

Ein anderes Kapitel, das ein bißchen wehmütig stimmt, heißt „Fisch". Auch hier ist nur das Angebot an gefrorenen, Halbfertig- oder Fertiggerichten sehr groß. Aber wenn schon einmal jemand frischen Fisch wählt, dann meistens gebratene Forelle. Bezeichnend für den geringen Stellenwert von Fisch auf den oberösterreichischen Speiseplänen ist die Tatsache, daß kein einziges interessantes Fischrezept eingesandt wurde. Dabei ist der Artenreichtum an Fischen in unseren Seen begeisternd. Deshalb will ich etwas ausführlicher über das Thema „Fisch" schreiben.

Man sollte bedenken, daß die heimischen Süßwasserfische aus Seen mit hervorragender Wasserqualität kommen. Diese Qualität ist in den Weltmeeren leider nicht mehr durchgehend gegeben.

Die wichtigsten heimischen Fischarten sind die Forelle, der Saibling, der Zander, die Reinanke und der Karpfen. Der Saibling ist der Forelle verwandt, sein rosa Fleisch gilt als besondere Delikatesse. Daneben bieten unsere Gewässer aber auch noch eine große Zahl von Weißfischen, die wohlschmeckend sind, aber den Nachteil haben, daß sie von Gräten stark durchzogen sind. Wer etwas Erfahrung im Zerteilen und Essen eines Fisches hat, wird davor aber nicht zurückschrecken. Es ist schade, daß gerade diese Weißfische selten auf unseren Speisekarten aufscheinen.

Ein köstlicher Speisefisch ist auch der Zander. Im alten Österreich hat man ihn Schill genannt. In Ungarn heißt er Fogosch, als Fogosch wird er auch häufig angeboten.

Unsere Süßwasserfische werden gebraten, blau gekocht, gebacken oder geräuchert. Sie können übrigens auch gesurt und kalt serviert werden. Einer der letzten Berufsfischer Oberösterreichs, der am Mondsee übrigens ein als Geheimtip bekanntes Gasthaus betreibt, hat mir ein Rezept verraten, das man als eine Art Fischsulz bezeichnen könnte. Weißfisch wird in den Sud eingelegt, der nach dem Blaukochen übrig bleibt. Mit der Zeit lösen sich die Gräten von selbst auf.

Aber das führt uns von den Hauptspeisen weg, zu denen ich Ihnen nun guten Appetit wünsche.

Geflügel

Paprikahendl (ohne Mehl)

1 großes Hendl
Salz
2 grüne Paprika
3 Pfefferoni
1 Knoblauchzehe
30 dag Zwiebel
10 dag Butter
1 EL Paprika
1 TL Paradeismark
ca. 1/4 l Wasser
1 Zitronenscheibe
1/4 l Rahm
1/8 l Schlagobers

- Hendl in Stücke schneiden, salzen,
- in Butter anbraten u. warmstellen,
- im Bratrückstand die gehackte Zwiebel hellbraun rösten, Paprika u. Paradeismark dazugeben,
- in Streifen geschnittenen Paprika u. Pfefferoni, Hendlstücke, Zitronenscheibe u. Knoblauch beigeben,
- mit Wasser (je weniger, desto besser) aufgießen,
- ca. 1/2 Stunde dünsten lassen.
- Rahm mit Schlagobers vermischen u. unterrühren.

Anmerkung: Mit Reis servieren.

Elfi Beranek, Hafnerweg 7, 3352 St. Peter in der Au

Pfefferhendl

1 Hendl (Suppenhuhn)
1 große Zwiebel
1 EL Fett
Petersilie, Salz, Pfeffer
1 B. Rahm
3 dag Mehl

- Gehackte Zwiebel in Fett glasig anlaufen lassen,
- Hendl in Stücke teilen,
- zur Zwiebel geben u. sofort aufgießen (Fleisch nicht anbraten),
- mit 1 Handvoll gehackter Petersilie, sowie mit Salz u. Pfeffer würzen,
- das Hendl weichdünsten, am besten im Kelomat.
- Mit Rahmgmachtl binden,
- nochmals aufkochen u. ev. mit Pfeffer nachwürzen.

Theresia Hinterwirth, Stockbauer, Steinbach/Ziehberg 166

Geflügel

Mosthendl

2 Brathendl à 1 kg
3 EL Öl
2 EL Butter
2 Knoblauchzehen
2 Schalotten
2 EL Mehl
20 dag Champignons
Salz, Pfeffer
1/2 l Apfelmost
Petersilie
1/2 TL Thymian

- Die Hendln waschen, abtrocknen u. in Portionsstücke teilen,
- Öl und 1 EL Butter in der Pfanne erhitzen,
- die Hendlteile rundherum anbraten,
- das Bratfett abgießen (wichtig!),
- die restliche Butter, die mit Salz zerdrückten Knoblauchzehen u. die fein gewiegten Schalotten zufügen,
- mit Mehl stauben, mit Pfeffer u. Thymian würzen,
- mit Most aufgießen,
- zugedeckt im vorgeheizten Backrohr bei 200° 45–50 Min. dünsten.
- 10 Min. vor dem Ende der Garzeit die in Scheiben geschnittenen Champignons zugeben u. mitdünsten,
- die fertigen Hendlteile herausnehmen u. warmstellen,
- den Fond bei starker Hitze kurz einkochen,
- mit Salz u. Pfeffer abschmecken, gehackte Petersilie einstreuen,
- die Sauce über das angerichtete Fleisch gießen.

Annegret Remtisch, Ramingdorf 72, 4431 Haidershofen

Zitronenhendl

6 Hendlkeulen
Brathendlgewürz
1/2 kg Zwiebeln
1 kg Erdäpfel
Marinade:
Saft von 5 Zitronen
1/4 l Olivenöl
1/2 Häuptel Knoblauch
1 Prise Salz
Pfeffer, Thymian u. Petersilie

- Hendlkeulen mit Brathendlgewürz gut einreiben.

Marinade:
- Zitronensaft, Olivenöl, gehackten Knoblauch, Salz, Pfeffer, etwas Thymian u. Petersilie vermengen.
- Wenn möglich, Hendlkeulen 1 Tag in obige Marinade einlegen,
- auf ein Backblech geben,
- Zwiebeln u. Erdäpfel (roh) in kleine Teile schneiden,
- alles mit der Marinade übergießen,
- bei ca. 220–250° im Rohr braten.

Anmerkung: Dazu gute Salate servieren!

Andrea Bachtrog, Wienerstraße 290, 4021 Linz

Aus der neuen leichten Küche:
Spinatknödel, mit heißer Butter und Käse serviert (Rezept Seite 68)

Bild nächste Seite: ▶

Gerollte Lammschulter – zartes
Lammfleisch mit Brokkoli-Fülle (Seite 39).
Dazu schmecken Speckfisolen und eine
Erdäpfelbeilage.

◀

Drei köstliche Suppen aus Oberösterreich:
Schnittlsuppe (Rezept Seite 26),
Rahmsuppe (Echte Seisuppe, Seite 13)
und Schwammerlsuppe (Seite 21).

Das „Weyrer Hammerherrn-Schnitzl" (Rezept Seite 47) ist ein liebevoll garniertes Kalbsschnitzel mit süß-sauren Zutaten.

Zu einem oberösterreichischen Festtagsschmaus gehört ein Mostbraten aus gebeizter Beiried mit gschmackiger Walnußsauce (Rezept Seite 36).

Uriger Brotaufstrich (im Glas, Rezept Seite 132), im Vordergrund Erdäpfelkäse (Seite 129/130) und Käse-Obstsalat (Seite 133), zum Beispiel für ein Picknick.

„Geistiges" aus dem Hausgarten: Gesundheitslikör (Seite 144), Nußlikör (Seite 142), Nußschnaps (Seite 143).

Eine ausgiebige Mahlzeit: Bauernkotelett, im Reindl serviert (Rezept Seite 43).

Bild nächste Seite: ▶

Von der Großmutter an die Enkelin weitergegeben: das Rezept für ein Bauerngrammelschöberl aus Erdäpfeln und Grammeln (Seite 68), als Hauptgericht mit Salat serviert.

Hendl in der Bratlrein

1 Hendl ca. 1,20 – 1,30 kg
1/2 kg Erdäpfel, Kümmel
4 Semmeln
Milch
5 dag Butter oder Rindsschmalz
1 Ei
Petersiliengrün
1 Msp. Nelken
Salz
Serviettenknödelteig:
3–4 Semmeln
8 dag Butter
2–3 Eier
Petersiliengrün
Salz u. warme Milch

- Das Hendl außen u. innen salzen, ev. auch mit Hendl-Grillsalz würzen.

Fülle:
- Die Semmeln kleinwürfelig schneiden,
- Butter oder Rindsschmalz heiß darüberleeren,
- soviel lauwarme Milch dazu, wie die Semmeln aufnehmen,
- Ei dazugeben u. würzen,
- das Hendl füllen, zustecken oder nähen,
- in die Bratlrein legen u. mit etwas Wasser aufgießen,
- ins heiße Backrohr schieben u. braten,
- manchmal umdrehen – wenn es braun ist, wieder wenden.
- Währenddessen die Erdäpfel schälen u. vierteln,
- ganz leicht salzen u. in die Bratlrein geben,
- den ganzen Kümmel auf die Erdäpfel streuen u. weiterbraten.
- Wenn nötig, das Hendl mit Butter bestreichen.
- Inzwischen einen Serviettenknödelteig zubereiten,
- ca. 1/4 Stunde rasten lassen,
- ca. im letzten Viertel der Bratzeit mit nassen Händen Knödel formen u. diese auf die Erdäpfel in die Rein legen,
- die Knödel bekommen ein schönes braunes Häubchen, wenn sie fertig sind.

Anmerkung: Dazu reicht man Krautsalat, grünen Salat oder Apfeldünster. Bratzeit: 1 1/2 – 2 Stunden, ca. 220°.

Theresia Zweimüller, Pumberg 36, 4906 Eberschwang

33

Pfefferente in Rotweinsauce

(4 Portionen)

1 mittelgroße Fleischente – geviertelt
1 mittelgroße Zwiebel
1/4 l Rotwein
1/4 l Rindsuppe
1 EL grüner Pfeffer, Salz, Pfeffer
1 TL Paradeismark
ca. 5 dag Fett zum Anbraten
1 Lorbeerblatt
Thymian
1 TL glattes Mehl

- Die Ententeile salzen u. pfeffern,
- die Zwiebel fein hacken,
- die gewürzten Ententeile rundherum in heißem Fett goldgelb anbraten,
- die Stücke in eine Kasserolle legen,
- im verbliebenen Fett die gehackte Zwiebel goldgelb rösten,
- Paradeismark mitrösten, bis es braun wird,
- mit wenig Mehl stauben,
- mit Rotwein u. Suppe aufgießen,
- Gewürze zugeben u. nochmals aufkochen,
- über die Entenstücke gießen,
- im Backrohr bei 220° dünsten lassen.

Anmerkung: Als Beilage Blaukraut u. Semmelknödel.

Monika Kokot, Gnadlingerweg 5, 4650 Edt

Oberösterreichischer Mostbraten

1 kg	*Rinderbraten vom Schlegel, Beiried oder Rostbraten*
1/2 kg	*Wurzelwerk (Karotte, Petersilwurzel, Sellerie, Porree, Pastinak)*
2	*Zwiebeln*
1	*Lorbeerblatt*
	Pfeffer - u. Wacholderbeeren
1/4 l	*Wasser*
1/2 l	*Apfelmost oder Apfelwein*
	Salz
	Majoran
	Senf
	Öl oder Kokosfett
1/8 l	*Rahm*
1 EL	*Soja- oder Erdäpfelmehl*
einige	*Dörrpflaumen u. Walnüsse*

- Wasser mit Wurzelwerk, in Ringe geschnittenen Zwiebeln, Lorbeerblatt, Pfefferkörnern u. Wacholderbeeren ca. 15 Min. kochen,
- auskühlen lassen, Most dazugeben,
- Fleisch hineinlegen u. 3 Tage beizen lassen.
- Das Fleisch herausnehmen, abtropfen lassen,
- mit Salz, Majoran u. Senf einreiben,
- im heißen Fett anbraten,
- mit der Beize aufgießen,
- weichdünsten.
- Die Sauce mit Rahmgmachtl binden,
- kleingeschnittene, nicht zu harte Dörrpflaumen u. gehackte Walnußkerne darin erwärmen.

Erwina Lidolt, Pestalozzistraße 44, 4030 Linz

35

Nobler Rindsbraten

1 1/2 kg Rindfleisch (Schulter)	
1/4 l Rotwein	
1/4 l Essig	
3/4 l Wasser	
1 Lorbeerblatt	
10 Pfefferkörner	
1 Zwiebel	
5 Gewürznelken	
Salz	
3–4 EL Butter	
1 Scheibe Schwarzbrot	

- Den Rotwein mit Essig, Wasser, dem Lorbeerblatt u. der mit Nelken gespickten Zwiebel zu einer Beize aufkochen,
- das Fleisch mit Salz einreiben,
- in eine irdene Schüssel legen u. mit der abgekühlten Beize übergießen.
- Nach 3–4 Tagen herausnehmen, abtrocknen,
- in heißer Butter anbraten,
- mit einigen Tassen Beize ablöschen,
- das Schwarzbrot hineinbröckeln,
- ca. 2 Stunden braten.

Anmerkung: Als Beilage Semmelknödel.
Ein teurerer Tip: Rindslungenbraten.

Eva Pernegger, Otto-Glöckl-Straße 7/7, 4400 Steyr

Mostbratl

3/4 kg Lungenbraten	
Salz, Ingwer, Pfeffer, Speck	
1/4 l Most	
1 Schweinsnetz	
2 dag Mehl	

- Den Lungenbraten im ganzen Stück mit Salz, Ingwer u. Pfeffer gut einreiben,
- mit schmalen Speckstreifen bedecken,
- in ein Schweinsnetz einschlagen,
- bei 200° im Backrohr von allen Seiten braun braten,
- dabei öfters mit Bratensaft u. Most übergießen.
- Vor dem Servieren Bratensaft mit Mehl stauben,
- mit Most aufgießen u. kurz einkochen.

Anmerkung: Gut schmecken dazu Erdäpfelknödel u. warmer Krautsalat. Der Mostbraten ist besonders schmackhaft, wenn er im Römertopf zubereitet wird.

Philippine Hable, Mariahilfgasse 36, 4020 Linz

Steyrer Flößerbraten

1 kg	*milder Surbraten (Schweinsschopf ohne Knochen)*
	Wacholderbeeren, Pfefferkörner,
	Rosmarin, Knoblauch, Kümmel, Paprika

- Surbraten mit Gewürzen gut einreiben,
- über einem Tannenreisigfeuer einige Stunden leicht räuchern (z. B. Gartengrill oder Tannennadeln im Backrohr),
- das geräucherte Fleisch im Rohr kurz braten.

Anmerkung: Der Flößerbraten kann warm oder kalt zu Tisch gebracht werden.
Als Beilage schmecken gebratene Äpfel, Erdäpfelknödel, Krautsalat, Specklinsen oder Apfelmus.

Johanna Schwarzlmüller, Grünbrunn 1,
4491 Niederneukirchen

Schweinsfilet in Kräuterrahm überbacken

1	*großer Lungenbraten*
	Salz, Pfeffer, Knoblauch
5 dag	*Margarine zum Braten*
1/8 l	*Rahm*
2	*Eier*
6 dag	*Käse (Bergbaron) gerieben*
	etwas Muskatnuß
	Schnittlauch, Petersilie, Dill

- Das Fleisch in Stücke teilen, etwas klopfen,
- salzen, pfeffern,
- in heißem Fett rasch beidseitig anbraten,
- die Fleischstücke in eine feuerfeste Schüssel geben,
- Rahm mit den gehackten Kräutern, Knoblauch, Salz u. Muskatnuß sowie Käse gut verrühren,
- über das Fleisch gießen,
- im heißen Backrohr rasch zu goldbrauner Farbe überbacken (ca. 10 Min.).

Maria Stiglbrunner, Minaberg 1, 4981 Reichersberg

Lammbraten

1 kg	gerollter Lammbraten
1	Zwiebel
1	Karotte
etwas	Knoblauch Sellerie
	Salz, Pfeffer
	Thymian, Petersilie
1	Lorbeerblatt
5 dag	Fett
	Rahm, Mehl
	Rotwein
	Suppe oder Wasser

- Zwiebel, Knoblauch, Karotte u. Sellerie in dünne Scheiben schneiden,
- das Fleisch salzen u. pfeffern,
- in heißem Fett anbraten,
- das Fleisch aus der Pfanne nehmen,
- Wurzelwerk u. Gemüse im Bratrückstand anrösten,
- das Fleisch wieder dazugeben u. mit Suppe (Wasser) aufgießen, mit Kräutern würzen,
- fertigdünsten,
- den Saft mit etwas „Rahmgmachtel" binden,
- verkochen lassen,
- mit Rotwein abschmecken.

Johanna Schwarzlmüller, Grünbrunn 1,
4491 Niederneukirchen

Lamm in Bierbeize

1 kg	Lammschlögel oder Lammschulter
	Knoblauch
3	Karotten
2	Zwiebeln
20 dag	Sellerie
	Wacholder, Pfefferkörner
2	Lorbeerblätter,
	Thymian
etwas	Essig
	Bier
	Ketchup, Mehl, Zitronensaft
	Suppe

- Fleisch mit Knoblauch spicken,
- würfelig geschnittenes Wurzelwerk u. Kräuter beigeben u. alles mit Bier bedecken,
- 2 Tage in der Beize stehen lassen.
- Fleisch trockentupfen,
- mit dem Gemüse anrösten,
- mit Suppe aufgießen,
- ca. 1 Stunde schmoren lassen.
- Zum Binden der Sauce Ketchup, Mehl u. Zitronensaft verrühren u. der Sauce beigeben, verkochen lassen.

Anmerkung: Als Beilage empfehle ich Serviettenknödel.

Hedy Edlinger

Gerollte Lammschulter

1 kg	ausgelöste Lammschulter
2	Knoblauchzehen
	Salz, Pfeffer
5	Scheiben Toastbrot
1	Tasse warme Milch
1	Klar
	Muskat
20 dag	geputzte Brokkoli
5 dag	Bratfett
1 Bund	Wurzelwerk
1 große	Zwiebel

- Das Fleisch flachklopfen,
- die Knoblauchzehen schälen, hacken, auf Salz zerdrücken u. mit Pfeffer vermengen,
- das Fleisch gut mit der Gewürzmischung einreiben.
- Das Toastbrot entrinden u. mit der Milch beträufeln;
- den Brokkoli in Röschen teilen,
- kurz in kochendem Salzwasser blanchieren, abseihen;
- das Toastbrot zerpflücken,
- mit Eiweiß u. Muskat vermengen,
- den Brokkoli unterheben.
- Das Fleisch mit der Masse bestreichen u. aufrollen,
- mit Baumwollgarn binden,
- in eine Bratwanne legen, mit erhitztem Bratfett übergießen,
- in das 230° heiße Rohr schieben,
- das geputzte, grob zerkleinerte Wurzelwerk u. die Zwiebel zugeben,
- mit heißem Wasser aufgießen,
- 45–50 Min. garen,
- das Fleisch herausnehmen u. warm stellen,
- den Fond durch ein Sieb passieren u. abschmecken.
- Den Braten mit Gemüse garnieren.

Maria Kostak, Waldstraße 9, 4490 St. Florian

Kaninchen in Weinbrandsauce

1 kg	*Kaninchen*
	Saft einer Zitrone
	Pfeffer, Thymian, Basilikum
2	*Karotten*
1	*Sellerie*
	Petersilwurzel
2	*Zwiebeln*
	Salz, Mehl, Butter
1	*Stamperl Weinbrand*
1/4 l	*Weißwein*
1/2 l	*Rindsuppe*
1 B.	*Crème fraîche*

- Kaninchen in Stücke teilen,
- mit Zitronensaft, Pfeffer, Thymian u. Basilikum einreiben,
- 30 Min. marinieren,
- Wurzelwerk u. Zwiebel feinwürfelig schneiden,
- Fleischstücke salzen, in Mehl tauchen,
- in heißem Fett ringsum anbraten,
- Kaninchen mit Weinbrand ablöschen,
- Gemüse, Wein u. etwas Suppe zugeben,
- zugedeckt ca. 1 1/4 Stunden schmoren lassen,
- Sauce mit Crème fraîche verfeinern.

Elfi Beranek, Hafnerweg 7, 3352 St. Peter in der Au

Weißkrautbraten

(10 Portionen)	
1 kg	*Weißkraut*
1 kg	*Faschiertes*
10 dag	*Weißbrot*
2	*Zwiebeln*
2 dag	*Margarine*
2	*Eier*
	Salz, Majoran, Basilikum
	Margarine für die Form

- Weißkraut fein schneiden,
- Zwiebeln würfelig schneiden u. in wenig Fett anschwitzen,
- Kraut dazugeben u. kurz dünsten,
- auskühlen lassen.
- Aus dem Faschierten, den Eiern u. den Gewürzen eine gut durchgemischte Masse bereiten,
- das überkühlte Kraut dazugeben u. abschmecken,
- die Masse in eine befettete Form füllen,
- bei mittlerer Temperatur (180°) im Rohr backen.

Johanna Schwarzlmüller, Grünbrunn 1,
4491 Niederneukirchen

Reindlrostbraten

(4 Portionen)

4 *gut abgelegene Schnitten Rostbraten*
5 *dag Fett*
3 *dag Butter*
Salz, Pfeffer
4 *dag Mehl*
25 *dag Eierschwammerln*
etwas gehackte Zwiebel u. Petersilie
1 *EL Rahm*
ca. 30 *dag würfelig geschnittene gebratene Erdäpfel*

- Rostbraten mit Salz u. Pfeffer würzen,
- in Mehl wenden,
- in heißem Fett abbraten,
- in einem Kupfer-Reindl warmstellen,
- Bratfett abgießen,
- Butter in der Pfanne zergehen lassen,
- darin die Eierschwammerln mit Zwiebeln anrösten,
- würzen u. mit Rahm verfeinern,
- Schwammerln über den Rostbraten geben.

Anmerkung: Als Beilage schmecken Erdäpfel sehr gut.

Eva Tomek, Sonnensteinstraße 7, 4040 Linz

Beiried in Weißweinsauce

(4 Portionen)

4 *Beiriedscheiben à* 18 *dag*
6 *dag Speckwürfel*
1 *Zwiebel*
1/16 *l Weißwein*
1/2 *Lorbeerblatt*
1 *Thymianzweiglein*
1/8 *l Crème fraîche*
1 *Ei*
Salz, Pfeffer
Fett zum Braten

- Die gewürzten Beiriedscheiben rasch anbraten u. warmstellen,
- im Bratfett Speck u. gehackte Zwiebel anschwitzen,
- mit Wein aufgießen,
- die Sauce mit Lorbeerblatt u. Thymian einkochen lassen,
- das Fleisch dazugeben u. weichdünsten,
- Lorbeerblatt u. Thymian entfernen,
- Crème fraîche mit Ei versprudeln,
- die Sauce damit binden (sie darf aber nicht mehr aufkochen).

Anita Redhammer, Bernhoferstraße 18,
5270 Mauerkirchen

Gewickelte Rindsschnitzel

(4 Portionen)

1 kleines Häuptel Kraut
1 EL Fett
15 dag Faschiertes
5 dag Schinken
etwas Kümmel
Salz, Pfeffer
4 dünne Rindsschnitzel
4 EL Fett
3/8 l Rindsuppe
Zitronensaft

- Kraut fein schneiden,
- in Fett u. etwas Wasser dünsten,
- auskühlen lassen,
- mit Faschiertem, gehacktem Schinken, etwas Kümmel, Salz u. Pfeffer vermengen.
- Rindsschnitzel klopfen u. am Rand einschneiden,
- salzen, pfeffern u. mit Fülle bestreichen,
- zusammenrollen u. binden,
- Fett erhitzen,
- die Rouladen rundherum anbraten,
- mit Rindsuppe aufgießen u. auf kleiner Flamme dünsten.
- Die fertigen Rouladen aus der Sauce nehmen,
- die mit Salz, Pfeffer u. einem Spritzer Zitronensaft verfeinerte Sauce über die Rouladen gießen.

Anmerkung: Mit Salzerdäpfeln anrichten.

Elisabeth Feichtenschlager, Eigelsberg 1, 5251 Höhnhart

Bauernkoteletts

(4 Portionen)

4 *Koteletts von Schopf-braten oder Karree*
Salz, Pfeffer, gemahlener Kümmel
Mehl
Bratfett oder Öl
1 *große Zwiebel*
3 *Karotten*
3 *Essiggurkerln*
15 dag *Champignons*
3 St. *Frankfurter*
3 *Zehen Knoblauch*
Paprikapulver
Rindsuppe

- Fleisch salzen, pfeffern u. mit gemahlenem Kümmel einreiben,
- eine Seite in Mehl tauchen,
- in heißem Fett rasch anbraten,
- Fleisch herausnehmen u. warmstellen,
- Zwiebel kleinwürfelig schneiden,
- im Bratfett hell rösten.
- Karotten u. Gurkerln in Streifen schneiden,
- kurz durchrösten,
- Champignons u. Frankfurter blättrig schneiden,
- ebenfalls kurz rösten,
- mit Knoblauch, Salz, Pfeffer u. Paprika würzen,
- mit etwas Rindsuppe aufgießen,
- kurz dünsten lassen,
- das Fleisch in die Pfanne geben u. mit der Sauce ca. 1 Stunde weichdünsten.

Anmerkung: Mit gekochten Erdäpfeln u. gemischtem Salat servieren.

Margarete Buchegger, Kürnberg 125, 4452 Kleinraming

Kotelett mit Knoblauchhaube

80 dag	*Erdäpfel*
15 dag	*Butter oder Margarine*
10	*Knoblauchzehen*
6 St.	*Schweinskoteletts à 15 dag ohne Knochen*
	Kümmel, Salz, Pfeffer
20 dag	*Hamburger Speck (feine Scheiben)*

- Erdäpfel dämpfen, schälen und noch heiß durch die Erdäpfelpresse drücken,
- mit Butter u. Knoblauch vermengen, mit Salz abschmecken.
- Koteletts leicht klopfen, Ränder mehrmals einschneiden,
- beidseitig würzen,
- in heißem Fett gut anbraten,
- in eine feuerfeste Form geben u. mit Bratsaft angießen,
- je eine Scheibe Hamburger Speck auf ein Kotelett legen,
- ca. 20 Min. im Rohr dünsten lassen.
- Erdäpfel-Knoblauchmasse in einen Spritzsack mit großer gezackter Tülle füllen u. dekorativ auf die Koteletts dressieren,
- den restlichen Speck kleinwürfelig schneiden,
- Koteletts damit bestreuen,
- bei 220° ca. 15 Min. überbacken.

Edith Moser, Lederau 2, 4655 Vorchdorf

Überbackene Koteletts

(4 Portionen)

4 *Koteletts*
Salz, Pfeffer
Fett zum Braten
20 dag Champignons
1 EL Butter
4 dag Mehl
1/8 l Milch
15 dag gehackter Schinken
3 dag Parmesan
1 Dotter
2 EL Schlagobers
1 P. 8-Kräutermischung

- Koteletts salzen u. pfeffern,
- auf beiden Seiten anbraten u. in eine feuerfeste Form legen,
- Champignons putzen, achteln,
- in Butter dünsten,
- wenn der Saft verdunstet ist, mit Mehl stauben,
- durchrösten,
- mit 1/8 l Milch aufgießen,
- zu einer dicken Sauce verkochen.
- Den gehackten Schinken u. den Parmesan untermischen,
- Dotter u. Schlagobers versprudeln u. mit den Kräutern in die nicht mehr kochende Sauce rühren,
- überkühlen lassen,
- die Sauce über die gebratenen Koteletts gießen,
- im vorgeheizten Rohr rasch überbacken.

Anmerkung: Mit Petersilienerdäpfeln u. grünem Salat servieren.

Resi Semmelbauer, Edelhof 47, 3350 Haag

Saure Boana

(4 Portionen)
1 kg fleischige Schweinsripperln
Salz, Pfeffer,
Fett
Kümmel
1 Zwiebel
etwas Essig

- Die Schweinsripperln mit Salz u. Pfeffer gut würzen,
- in heißem Fett scharf anbraten,
- mit Kümmel u. feingehackter Zwiebel bestreuen,
- mit Essigwasser ablöschen,
- das Fleisch langsam weichdünsten,
- vor dem Servieren Flüssigkeit abgießen.

Anmerkung: Als Beilage Salzerdäpfel u. warmer Krautsalat.

Bert Maureder, Alleitenweg 37, 4030 Linz

Hochzeitsschnitzel

(4 Portionen)
4 Kalbs- oder Schweinsschnitzel
4 Scheiben Selchfleisch
10 dag Topfen
Petersilie
Schnittlauch
Salz, Pfeffer
Knoblauch
1 kleine Zwiebel
Fett zum Braten
1/8 l Rindsuppe
3 EL Rahm
etwas Mehl

- Schnitzel leicht klopfen,
- mit Selchfleisch belegen,
- Topfen mit Gewürzen, gehackten Kräutern u. feingehackter Zwiebel vermischen,
- auf jedes Schnitzel einen EL der Topfenmischung geben, zusammenklappen u. die Ränder mit dem Fleischklopfer gut zusammenklopfen,
- salzen, pfeffern, leicht bemehlen,
- in der Pfanne auf beiden Seiten goldgelb braten.
- Die Schnitzel herausheben,
- Bratrückstand mit Rindsuppe aufgießen, Rahmgmachtl einrühren.
- Die Schnitzel wieder in die Sauce legen u. noch kurz durchziehen lassen.

Anmerkung: Mit Reis, Teigwaren oder Petersilienerdäpfeln servieren.

A. Wolkerstorfer, Allersdorf 9, 4174 Niederwaldkirchen

Schweinsrouladen nach Bauernart

6 *Schweinsschnitzel*
Salz, Pfeffer
10 dag *Schweinsbrat*
6 *dünne Scheiben Speck*
6 *kleine Essiggurkerln*
10 dag *Champignons*
1 *feingehackte Zwiebel*
zum Binden:
Mehl, Rahm

- Schnitzel klopfen, salzen u. pfeffern,
- eine Seite mit dem Brat bestreichen,
- dann Speckscheiben, Gurkerln, blättrig geschnittene Champignons u. Zwiebel auf die Schnitzel verteilen,
- zusammenrollen u. mit Zahnstocher befestigen,
- in Fett anbraten,
- mit Suppe aufgießen u. weichdünsten,
- zum Schluß Sauce mit einem Rahmgmachtl verbessern.

Maria Schwarz, Höretzberg 8, 4791 Rainbach/Innkreis

Weyrer Hammerherrn-Schnitzel

(4 Portionen)
4 *Kalbsschnitzel*
2 EL *Butter*
4 *Scheiben Schinken*
2 *Äpfel*
20 dag *Champignons*
Preiselbeeren
4 *Eier*

- Die Kalbsschnitzel in etwas Butter anbraten,
- 1 Scheibe Schinken, 3 Apfelscheiben u. kleingehackte Champignons als Auflage auf die Schnitzel geben,
- das Fleisch noch kurz weiterdünsten,
- mit Preiselbeeren u. Spiegelei garnieren.

Anmerkung: Dieses Rezept stammt aus dem Traunviertel.

Rosi Weinhäupl, Raimundstraße 14, 4840 Vöcklabruck

Putenschnitzel mit Pfeffersauce

(4 Portionen)

4 *Putenschnitzel*
Öl zum Braten
25 dag *Champignons oder Gemüse*
20 dag *Langkornreis*
Salz, Pfeffer
10 dag *Crème fraîche*
10 dag *Doppelrahm-Frischkäse*
3 EL *eingelegter grüner Pfeffer*
4 EL *Weißwein*
2 EL *Butter*

- Reis in reichlich kochendem, leicht gesalzenem Wasser 15–18 Min. garen,
- Öl in einer Pfanne erhitzen,
- die Schnitzel darin von jeder Seite 4–6 Min. braten u. warmstellen,
- Bratenfond mit Crème fraîche verfeinern,
- Frischkäse unterrühren u. darin auflösen,
- grünen Pfeffer u. Wein zufügen,
- alles kurz kochen lassen,
- mit Salz u. Pfeffer abschmecken,
- in einem Topf Butter erhitzen u. die Pilze darin bräunen,
- mit Salz u. Pfeffer würzen.

Angela Langgruber

Putenschnitzel in Kräuterbierteig

(4 Portionen)

4 *Putenschnitzel*
Salz
1/8 l *Bier*
2 *Eier*
3 EL *Mehl*
Kräuter (Petersilie, Estragon, Basilikum usw. – je nach Geschmack)
Öl zum Backen

- Schnitzel leicht klopfen, salzen,
- Bier mit Eiern, Mehl u. den gehackten Kräutern versprudeln, salzen,
- 10 Min. rasten lassen,
- Schnitzel in Backteig tauchen,
- in heißem Öl rasch backen u. sofort servieren.

Anmerkung: Als Beilage gemischter Salat.

Elfi Beranek, Hafnerweg 7, 3352 St. Peter in der Au

Saucenfleisch

Teufelfleisch

(4 Portionen)

1/2 kg mageres Schweinefleisch
1 Zwiebel
3 EL Fett
1 EL Mehl
1 EL Paradeismark
1 EL Senf
1 TL Kümmel
Salz u. Paprika
Wasser
1 Essiggurkerl
2 Sardellenfilets
1 TL Kapern

- Schweinefleisch würfelig schneiden,
- zusammen mit einer gehackten Zwiebel in Fett anbraten,
- mit Mehl stauben,
- Paradeismark, Senf, Kümmel, Salz u. Paprika dazugeben, anrösten,
- mit 1/8 l Wasser ablöschen, verrühren,
- mit 1/4 l Wasser auffüllen.
- Das Fleisch ca. 40 Min. bei milder Hitze garen,
- ein würfelig geschnittenes Essiggurkerl, die Sardellenfilets u. die Kapern hinzufügen,
- das Ganze pikant abschmecken.

Anmerkung: Das Teufelfleisch mit Erdäpfelpüree anrichten u. mit grünem Salat servieren.

Elisabeth Feichtenschlager, Eigelsberg 1, 5251 Höhnhart

Paprikafleisch aus der Pfanne

(4 Portionen)

40 dag Schweinsschulter
2 Zwiebeln
2 Knoblauchzehen
5 dag Öl
1/2 EL Mehl
Suppe zum Aufgießen
Salz, Pfeffer
2 Pfefferoni
je 1 roter u. grüner Paprika
etwas Cayennepfeffer
1 EL grüne Pfefferkörner

- Öl in einer großen Pfanne erhitzen,
- das geschnetzelte Fleisch mit den Zwiebelringen anrösten,
- Knoblauch beifügen,
- Mehl zugeben u. anrösten,
- mit Suppe aufgießen u. dünsten.
- Gegen Ende der Garzeit geschnittene Paprika, Pfefferoni, Cayennepfeffer u. Pfefferkörner dazugeben,
- alles mit Salz u. Pfeffer würzig abschmecken.

Anmerkung: Zu diesem pikanten Pfannengericht schlage ich als Beilage gedünsteten Reis oder gedrehte Nudeln vor. Das Gericht ist sehr rasch zubereitet u. schmeckt sehr gut.

Gertrude Wörlinger, Langdorf 10, 4910, Mehrnbach

Beuschel

(6–8 Portionen)

1	*Schweinsbeuschel (Lunge, Herz)*
1	*große Zwiebel*
	Lorbeerblätter
	Boazkräutl oder Bohnenkraut
	Pfefferkörner
	Essig

Einbrenn:

5 dag	*Fett*
7 dag	*Mehl*
2	*gehackte Zwiebeln*
	Salz
1	*Würfel Suppenwürze*
	Pfeffer, Essig
1/8 l	*Rahm*

- Schweinsbeuschel mit Zwiebel, Lorbeerblättern, Boazkräutl u. Pfefferkörnern in einem leichten Essigwasser kochen.
- Beuschel erkalten lassen, sehr fein nudelig schneiden (Röhrchen ausschneiden),
- Einbrenn aus Fett, Mehl u. gehackten Zwiebeln herstellen, mit Essigsud aufgießen,
- Beuschel zugeben,
- gut verkochen lassen,
- mit Salz, Suppenwürze, Pfeffer, Essig abschmecken,
- mit einem Rahmgmachtl verfeinern.

Anmerkung: Dazu serviere ich Semmelknödel oder gebackene Leberknödel.

Marianne Schwarzwald, 5241 Maria Schmolln 18

Saucenfleisch

Katzengschroa

(4 Portionen)
2 *feingehackte Zwiebeln*
6 dag *Schmalz*
1/4 kg *würfelig geschnittene Schweinsschulter*
15 dag *Schweinsleber*
2 *nudelig geschnittene Schweinsnierndln*
Salz, Pfeffer, Majoran, Thymian
2 *zerdrückte Knoblauchzehen*
2 EL *Mehl*
1 *Schuß Essig*
etwas Suppe

- Die Zwiebeln in heißem Fett goldgelb anrösten,
- Schweinefleischwürfel dazugeben u. anbraten,
- nach einiger Zeit Nierndln u. Leber dazufügen,
- würzen, nicht salzen.
- Wenn das Ganze fast gar ist, mit Mehl stauben,
- mit Essig ablöschen,
- mit Suppe aufgießen,
- weichdünsten, zum Schluß salzen.

Anmerkung: Dazu passen am besten Serviettenknödel.

Hermine Weigel, Kranewittweg 73, 5280 Braunau

Schweinslungenbraten in Österzolasauce auf Spinatnudeln

60 dag *Schweinslungenbraten*
etwas Öl zum Anbraten
1 TL *Senf*
1/4 l *Schlagobers*
15 dag *Österzola*
Salz, Pfeffer
20 dag *Spinatnudeln*

- Lungenbraten in fingerdicke Scheiben schneiden,
- salzen u. pfeffern,
- in Öl beidseitig rasch anbraten,
- warmstellen.
- In den Bratrückstand den Senf einrühren,
- Hitze reduzieren, mit Schlagobers aufgießen,
- den zerkleinerten Österzola darin auflösen.
- Die Nudeln mit etwas Öl bißfest kochen,
- den Lungenbraten darauf verteilen u. mit der Sauce übergießen.

Elfi Beranek, Hafnerweg 7, 3352 St. Peter in der Au

51

Lammragout „Kürbistopf"

(8–10 Portionen)

1 Speisekürbis (ca 3–4 kg)
1 ausgelöster Lammschlögel
2 Zwiebeln
4 EL Olivenöl
5 Knoblauchzehen
10 dag Speck
1 Dose geschälte Paradeiser
1/4 l Rindsuppe (Würfel)
1/2 kg Gemüse nach Belieben (Erbsen, Karotten, Fisolen...)

- Das obere Drittel vom Kürbis abschneiden u. Kerngehäuse entfernen,
- Zwiebeln fein hacken,
- in Olivenöl anschwitzen,
- würfelig geschnittenen Speck kurz mitrösten,
- das in Würfel geschnittene Lammfleisch dazugeben,
- Speck, Knoblauch, Salz u. 2 geschälte Paradeiser würzen u. scharf anbraten.
- Mit 1/4 l Rindsuppe aufgießen,
- 10 Min. dünsten lassen.
- Das Gemüse zerkleinern,
- kurz in Salzwasser kochen,
- abseihen u. dem Ragout beimengen.
- Das Ganze in den Kürbis füllen, mit dem vorher entfernten oberen Drittel verschließen,
- den Kürbis mit Olivenöl bepinseln u. ins Backrohr stellen,
- die Garzeit beträgt je nach Größe ca. 2 Stunden.

Anmerkung: Den Kürbiskopf serviert man vorsichtig auf einer großen Platte u. reicht dazu Salzerdäpfel. Sehr gut schmeckt auch das Kürbisfleisch, welches man vorsichtig von der Innenwand lösen kann.

Margit Jäger, Linzer Straße 28, 4050 Traun

Pikantes Senffleisch

(8 Portionen)	
1 kg	Rindfleisch vom Schlögel
50 dag	Zwiebel
10 dag	Öl
2 EL	Mostessig
2 EL	Paradeismark
4	mittlere Knoblauchzehen
	Salz, frisch gemahlener Pfeffer
1 EL	griffiges Mehl
2–3 EL	scharfer Senf
1/8 l	Rahm
	Rindsuppe oder Bratensaft
	grüne Petersilie

- Fleisch in Streifen u. Knoblauch in feine Scheiben schneiden;
- in heißem Öl erhitzen,
- Zwiebel u. Knoblauch goldgelb rösten,
- das Fleisch dazugeben,
- mit Salz, Kümmel u. Pfeffer würzen,
- mit Essig ablöschen.
- mit Mehl stauben u. mit Suppe oder Bratensaft aufgießen,
- das Fleisch halbweich dünsten,
- Rahm, Senf u. Paradeismark gut abrühren, zum Fleisch geben,
- dünsten, bis das Fleisch weich ist.
- Vor dem Servieren mit gehackter Petersilie bestreuen.

Anmerkung: Zu dieser Speise passen sehr gut Knödel, z. B. Semmelknödel, Erdäpfel- oder Mehlknödel. Dazu reicht man grünen Salat, der mit Mostessig angerichtet wird.

Hannelore Kranewitter, Pestalozzistraße 44, 4030 Linz

Gefülltes Rindsherz

1	Rindsherz
25 dag	Schweinsbauchfleisch
2	Semmeln
2	Eier
	Salz, Pfeffer
1 dag	Fett
1	kleine Zwiebel
1	Speckscheibe
	Petersilie
1	Lorbeerblatt
1	Zweigerl Thymian
	Gewürzkörner
	Gewürznelken
3 dag	Schweineschmalz
1	kleine Zwiebel
5 dag	Mehl
1	Spritzer Rotwein
1 EL	Senf

- Rindsherz an der oberen Seite aufschneiden, mit einem scharfen Messer aushöhlen u. gut auswaschen,
- Schweinsbauchfleisch mit dem Ausgehöhlten fein faschieren,
- mit abgerindeten, in Milch eingeweichten Semmeln, Eiern, Salz, Pfeffer vermischen, mit einer kleinen, gerösteten Zwiebel zu einer geschmeidigen Fülle verarbeiten,
- damit das Herz füllen;
- auf die Öffnung eine passende Speckscheibe legen,
- das Herz mit Küchenspagat binden,
- in einen Kochtopf legen, fingerhoch mit Wasser bedecken, mit Petersilie, Lorbeerblatt, Thymian, Gewürzkörnern, Gewürznelken würzen,
- zugedeckt langsam weichkochen.
- Aus Schweineschmalz, einer kleinen feingehackten Zwiebel u. Mehl eine dunkle Einbrenn bereiten, mit Kochsud zu einer „molligen" Sauce aufgießen u. verkochen lassen,
- mit Rotwein u. Senf würzen.
- In dieser Sauce das in Scheiben geschnittene Herz aufwallen lassen.

Anmerkung: Mit kleinen Nockerln servieren.

Ilse Faderl, Alleitenweg 30, 4030 Linz

Faschierte Laibchen in Karotten-Sellerie-Sauce

Laibchen:	
60 dag	Faschiertes
1	Zwiebel
	Knoblauch
1	Ei
2	alte Semmeln
	Salz, Pfeffer
	Petersilie
	Öl zum Braten

Sauce:	
25 dag	Karotten
15 dag	Sellerie
2	Zwiebeln
3 dag	Margarine
3 dag	Mehl
1/4 l	heiße Rindsuppe aus Würfeln
1/4 l	Milch
	Salz, weißer Pfeffer
	geriebene Muskatnuß
3 EL	Rahm
	Petersilie

- Aus den Zutaten für die Laibchen einen Fleischteig zubereiten,
- Laibchen formen,
- in Öl beidseitig knusprig braten.

Sauce:
- Karotten u. Sellerie putzen, Zwiebeln schälen,
- alles feinwürfelig schneiden,
- in der erhitzten Margarine unter Rühren 10 Min. anbraten (das Gemüse soll keine Farbe annehmen),
- Mehl darin 2 Min. hellgelb anschwitzen,
- unter Rühren die heiße Rindsuppe angießen,
- mit Milch auffüllen,
- 5 Min. verkochen lassen,
- mit Salz, Pfeffer u. Muskat abschmecken.
- In eine längliche Rein füllen,
- die faschierten Laibchen darauflegen,
- bei 200° im Rohr 20 Min. dünsten,
- mit Rahm verfeinern u. mit gehackter Petersilie bestreuen.

Anmerkung: Als Beilage Salzerdäpfel.

Monika Kokot, Gnadlingerweg 5, 4650 Edt

Champignonlaibchen

(10 Portionen)	• Vollkornreis kochen,
50 dag mageres Faschiertes	• auskühlen lassen,
25 dag Vollkornreis	• würfelig geschnittene Zwiebeln u. blättrig geschnittene Champignons in wenig Öl leicht anrösten,
40 dag Champignons	• alle Zutaten gut vermischen,
3 große Zwiebeln	• abschmecken,
2 EL Öl	• Laibchen formen,
3 EL Sojamehl	• in wenig Öl beidseitig braten.
Salz, Majoran	
3 EL Petersilie	
Vollkornbrösel nach Bedarf	
Öl zum Braten	

Johanna Schwarzlmüller, Grünbrunn 1,
4491 Niederneukirchen

Bauernpfanne

1–2 Zwiebeln	• Gehackte Zwiebeln in Öl anrösten,
4 EL Öl	• Faschiertes dazugeben u. gut durchrösten,
1/2 kg Faschiertes	• Karotten u. Erdäpfel würfelig schneiden (evtl. auch 1 Stange Lauch) u. dazugeben,
30 dag Karotten	• mit Rindsuppe aufgießen,
4–6 Erdäpfel	• salzen u. pfeffern,
Salz, Pfeffer	• ca. 1 Stunde dünsten, durchrühren,
1/4 l Rindsuppe	• mit Petersilie bestreuen.
Petersilie	

Anmerkung: Mit grünem Salat servieren.

Juliane Reisinger, Veitsdorf 32, 4210 Gallneukirchen

Murhachtl

25 dag Knödelbrot
4–5 Eier
Salz, Pfeffer
1 Knoblauchzehe
50 dag grob faschiertes Hasen- oder Kalbfleisch
15-20 dag Butter

- Knödelbrot mit Eiern anweichen u. salzen,
- faschiertes Fleisch mit Salz, Pfeffer u. Knoblauchzehe würzen,
- mit dem angeweichten Knödelbrot locker vermischen.
- In einer Pfanne Butter oder Margarine zergehen lassen,
- die Zutaten hineingeben,
- im Rohr schön knusprig backen,
- während des Backens 1-2mal durchmischen.

Anmerkung: Als Beilage grünen Salat.

Ingrid Hessenberger, Preising 24, 4844 Regau

Gebackene Fleischkrautknödel

ca. 60 dag gemischtes Faschiertes
25 dag frisches Kraut
Salz, Pfeffer, Majoran
2 Eier
3 dag Mehl
1 mittelgroße Zwiebel
1 EL Öl
Butter für die Form

- Kraut würfelig schneiden,
- feingehackte Zwiebel anrösten,
- Kraut dazugeben u. salzen,
- halbweich dünsten,
- Saft abgießen,
- überkühlen lassen,
- Faschiertes würzen,
- Eier u. gedünstetes Kraut dazugeben,
- mit etwas Mehl binden,
- Knödel formen (weiche Masse).
- In eine gebutterte Form schlichten u. bei ca. 180° ca. 1 Stunde im Rohr backen.

Anmerkung: Dazu passen Erdäpfel, gedünsteter Reis, frischer grüner Salat.

Ingrid Adelsmair, Blindenmarkt 32, 4600 Schleißheim

Grammelknödel mit Zwiebelsauce (Innviertler Delikatesse)

Erdäpfelteig:

1 kg	gekochte, geriebene Erdäpfel
1/4 kg	Mehl
etwas	Salz
1–2	Eier

Fülle:

1 EL	Butter
	Grammeln
	Salz, Pfeffer
	Schnittlauch

Zwiebelsauce:

1 EL	Butter
1 TL	Zucker
2	große Zwiebeln
1 EL	Mehl
1/4 l	Suppe oder Wasser
	Essig
	Liebstöckl (Maggikraut)

- Erdäpfelteig herstellen u. 1/2 Stunde rasten lassen,
- die Grammeln mit Salz, Pfeffer u. Schnittlauch würzen,
- in die Mitte der Knödel geben,
- in kochendem Salzwasser 7 Min. ziehen lassen.

Zwiebelsauce:
- Butter u. Zucker erhitzen,
- fein geschnittene Zwiebeln dazugeben,
- etwas dunkler rösten,
- mit Mehl stauben,
- mit Suppe oder Wasser aufgießen,
- gut verkochen lassen.
- Sauce passieren,
- mit Salz, Pfeffer u. etwas Essig würzen,
- mit Liebstöckel bestreuen.

Anmerkung: Als Beilage Sauerkraut.

Maria Bachmaier, Sachsenberg 31, 4783 Wernstein/Inn

Sauerkrautauflauf

(2–3 Portionen)

20 dag	Sauerkraut
10 dag	Speck
1	Zwiebel
3 EL	Weißwein
1/8 l	Schlagobers
2	Eier
10 dag	Käse (Emmentaler)
1EL	frische Kräuter
15 dag	Knödelbrot
	Fett für die Form

- Sauerkraut, Speckwürfel, feingehackte Zwiebel, Weißwein u. etwas Schlagobers ca. 10 Min. dünsten,
- auskühlen lassen,
- Knödelbrot in 1/8 l Schlagobers u. 2 Dottern einweichen,
- würfelig geschnittenen Käse u. Kräuter dazugeben,
- etwas ziehen lassen.
- Das ausgekühlte Sauerkraut mit der Knödelbrotmasse gut vermischen,
- den Schnee von 2 Klar vorsichtig unterheben,
- in eine gefettete Auflaufform geben,
- bei 180° ca. 1/2 Stunde backen.

Ulrike Bogner, Am Anger 5a, 4040 Linz

Kohlauflauf mit Blutwurst

1	kleiner Kohl
50 dag	Erdäpfel
10 dag	Speck
1	kleine Zwiebel
2–3	Knoblauchzehen
40 dag	Blutwurst
	Petersilie
10 dag	Speck
2 EL	Butter
2 EL	Mehl
1/4 l	Milch
	Salz, Pfeffer, Muskat
20 dag	Gouda

- Kohlblätter in Salzwasser 10 Min. kochen, abseihen,
- Erdäpfel blättrig schneiden u. weich kochen,
- Speck würfeln u. in der Pfanne auslassen,
- geschnittene Zwiebel, Knoblauch u. in Scheiben geschnittene Blutwurst dazugeben u. durchrösten,
- gehackte Petersilie daruntermischen.
- In eine gefettete Auflaufform abwechselnd Kohlblätter, Erdäpfel u. Blutwurstgemisch hineinschichten,
- in einem Topf Butter zerlassen, Mehl anrösten,
- mit Milch aufgießen, verkochen, Gewürze zugeben u. durchmischen, geriebenen Käse unterheben u. über den Auflauf gießen,
- ca. 30 Min. bei 200° backen.

Sabine Czepan, Nißlstraße 30, 4040 Linz

Spätzle-Auflauf mit Käse überbacken

25 dag frischer Spinat oder
1 P. (15 dag) tiefgefr. Spinat
25 dag Mehl
2 Eier
1 TL Salz
1 EL Butter
Sauce:
2 dag Butter oder Margarine
2 Zwiebeln
15 dag würfelig geschnittener Hamburger Speck
25 dag Champignons
1 B. (150 g) Crème fraîche
Salz, weißer Pfeffer
geriebene Muskatnuß
15 dag geriebener Emmentaler oder Gouda Käse
Margarine für die Form

- Frischen Spinat verlesen, gründlich waschen, mit Wasser in einen Topf geben, kurz andünsten,
- abkühlen lassen,
- gut ausdrücken und pürieren.
- Mehl, Eier, Salz u. Spinat in einer Schüssel mit etwas Wasser zu einem geschmeidigen Teig verarbeiten,
- Teig mit dem Nockerlschlitten in kochendes Salzwasser geben,
- Spätzle kurz aufkochen lassen,
- mit einem Schaumlöffel oder einem Sieb herausnehmen.
- Sofort in heißem Fett schwenken u. abtropfen lassen.

Sauce:
- Zwiebeln schälen u. fein würfeln,
- Champignons waschen, putzen u. blättrig schneiden,
- Fett in einer Pfanne erhitzen,
- Zwiebel, Speck u. Champignons zufügen u. bei schwacher Hitze unter Wenden dünsten,
- Crème fraîche zufügen, kurz erhitzen,
- mit Salz, Pfeffer u. Muskat abschmecken,
- Spätzle in eine gefettete Auflaufform geben, mit Sauce übergießen, Käse darüberstreuen,
- im vorgeheizten Rohr oder unter heißem Grill 5–10 Min. goldbraun überbacken. Backrohr 180–200°.

Elfriede Hartl, Schaunburgerstraße 14, 4070 Eferding

Gestürztes Sauerkraut

50 dag Sauerkraut
30 dag Geselchtes
50 dag gekochte, kalte Erdäpfel
1/2 l Rahm
Pfeffer

- Gepfefferte Erdäpfelscheiben, ca. 3 mm dünn geschnittenes Geselchtes u. ausgedrücktes Sauerkraut in eine gebutterte, feuerfeste Form schichten,
- auf jede Schicht etwas Rahm gießen,
- das gestürzte Sauerkraut ca. 25 Min. im Rohr backen.

Annemarie Schmidleithner, Maierhof 70,
4971 Aurolzmünster

Gedünstetes Kraut
mit Brotschnitten

1 kleiner Kopf Weißkraut
ca. 20 dag Speck oder Geselchtes (durchzogen)
Salz, Zucker, Kümmel
etwas Mehl
1/2 l Wasser
Brotschnitten:
1/2 kg Brot (Bauernbrot)
1/2 l Milch
etwas Salz
25 dag Mehl
2 Eier
v. Schnittlauch oder Petersilie
Öl oder Schmalz zum Backen

- Das Kraut fein schneiden,
- den Speck bzw. das Geselchte in kleine Würfel schneiden,
- in einer Pfanne auslassen,
- mit Salz, Zucker u. Kümmel würzen,
- Kraut zugeben, umrühren,
- mit Mehl stauben, aufgießen
- weich dünsten.

Brotschnitten:
- Aus Milch, Mehl, Eiern, Salz u. Schnittlauch einen Backteig bereiten (nicht zu flüssig),
- das in Scheiben geschnittene Brot in den Teig tauchen,
- etwas abtropfen lassen,
- in heißem Fett (Öl, Schmalz) goldgelb herausbacken.

Ernestine Nagl, Obereck 39, 5242 St. Johann/Walde

Krautfleckerln

50 dag	*Teigwaren (Fleckerln oder Hörnchen)*
1	*mittlerer Krautkopf (weiß)*
15 dag	*Speck*
1	*große Zwiebel*
1/8 l	*Öl*
	Salz, Pfeffer, Paprika, Kümmel
1 Schuß	*Essig*

- Teigwaren kochen,
- abseihen, abschrecken u. zur Seite stellen;
- Zwiebel in Ringe, Speck in Würfel schneiden,
- goldgelb in etwas Öl anrösten,
- das Kraut vom Strunk befreien u. feinnudelig schneiden,
- Kraut u. Kümmel dazugeben,
- ständig schwenken,
- ev. noch etwas Öl dazu, das Kraut sollte kernig bleiben.
- Die restlichen Gewürze u. einen Schuß Essig dazufügen,
- die Teigwaren dazugeben u. gut durchmischen.

Ingrid Baumgartner, Leonfeldner Straße 82, 4040 Linz

Kraut-Gemüseschnitzel

(4 Portionen)	
3/4 kg	*Weißkraut*
15 dag	*Mischgemüse*
25 dag	*Selchfleisch oder Schinken*
1	*große Zwiebel*
4 dag	*Fett*
2	*Eier*
	Salz, Pfeffer
	Semmelbrösel nach Bedarf
	Ei
zum Panieren:	
ca. 15 dag	*Mehl*
3	*Eier*
ca. 15 dag	*Brösel*
	Fett zum Braten

- Kraut nudelig schneiden,
- in wenig Salzwasser weichdünsten;
- Mischgemüse kernig weichdünsten;
- Selchfleisch kleinwürfelig schneiden u. mit gehackter Zwiebel anrösten,
- abgekühltes Kraut u. Gemüse mit Fleisch u. Eiern vermischen,
- Semmelbrösel beigeben,
- flache Laibchen formen,
- in Mehl, Ei u. Bröseln panieren,
- in heißem Fett langsam herausbraten.

Anmerkung: Mit grünem Salat servieren.

Annemarie Redl, Neuhof 3, 4331 Naarn

Erdäpfelschnitzel

1 kg	Erdäpfel
25 dag	Mehl
10 dag	roher, etwas durchzo- gener Selchspeck
2–3	Eier
etwas	Salz
	Butterschmalz

- Erdäpfel mit der Schale kochen u. noch heiß pressen,
- mit Mehl, Eiern, Salz u. dem kleingeschnittenen Speck zu einem Teig verarbeiten,
- eine dicke Rolle formen,
- ca. 1 cm dicke Scheiben schneiden u. mit der Hand etwas flachdrücken,
- die Schnitzel in etwas heißem Butterschmalz beidseitig goldgelb braten.

Anmerkung: Sofort mit gedünstetem Blaukraut servieren.

Theresia Lidauer, Hauptschulstraße 15, 4802 Wolfsegg/H.

Krautsami

(4 Portionen)	
1 kg	Sauerkraut
1/2 kg	Faschiertes (nicht zu mager)
3 dag	Fett
1	Zwiebel
10 dag	gedünsteter Reis
2	Eier
	Salz, Pfeffer
4	Knoblauchzehen
1	gehäufter KL Paprika
1 Msp.	scharfer Paprika
	Kümmel
etwas	Wasser
1/4 l	Rahm

- Kleingeschnittene Zwiebel im Fett hell anrösten,
- mit den Eiern, Reis, Salz, Pfeffer, Paprika u. dem zer- drückten Knoblauch zum Faschierten geben,
- gut durchmischen,
- davon 8 Knöderln formen.
- In einer Kasserolle die Hälfte des Sauerkrautes vertei- len,
- eine kleine Schale Wasser dazugeben,
- die Knödel nebeneinander hineinlegen,
- mit dem übrigen Kraut zudecken,
- den Kümmel darüberstreuen,
- zugedeckt dünsten, bis alles weich ist,
- den versprudelten Rahm darübergeben u. sehr heiß im Reindl servieren.

Anmerkung: Dieses Gericht (besonders für kalte Winter- tage) ist etwas „feurig", am besten, man trinkt dazu ein gutes Glaserl Most.

Theresia Lidauer, Hauptschulstraße 15, 4902 Wolfsegg/H.

Holzknechtpalatschinken

Palatschinken:

20 dag Mehl

ca. 1/2 l Milch

2 Eier

1 Prise Salz

Fülle:

20 dag Wurst

20 dag Speck

2 Knoblauchzehen

1 Zwiebel

Salz, Pfeffer

3 Eier

2 TL scharfer Senf

Öl

- Aus Mehl, Milch, Eiern u. einer Prise Salz einen Palatschinkenteig herstellen,
- etwas rasten lassen,
- in heißem Öl Palatschinken backen,
- Wurst u. Speck sehr fein hacken,
- feingehackte Zwiebel in wenig Öl anrösten,
- Knoblauch dazugeben u. kurz durchrösten,
- das Wurst-Speck-Gemisch dazugeben u. gut durchrösten,
- etwas überkühlen lassen,
- die mit dem scharfen Senf versprudelten Eier darübergießen,
- gut stocken lassen,
- diese Fülle in die Palatschinken geben,
- wenn nötig im Rohr bei starker Hitze nochmals erhitzen.

Anmerkung: Mit grünem Krautsalat servieren, auch Roter-Rüben-Salat paßt gut.

Maria Pointner, Resselstraße 4, 4614 Marchtrenk

Reisatstöckl

35–40 dag Mehl
10 dag Butter
1 Ei
Salz
etwas Milch od. Wasser (nach Bedarf)
30–40 dag Speck
1/2 l Milch
od. Eiermilch: zusätzlich mit 3 Eiern versprudeln
Margarine zum Befetten

- Aus Mehl, Butter, Ei, Salz, Milch oder Wasser einen Mürbteig bereiten,
- ca. 1/2 Stunde rasten lassen,
- nicht zu dünn ausrollen,
- mit Speckwürfeln oder -scheiben belegen u. einrollen,
- ca. 5 cm lange Stücke schneiden,
- diese in ein befettetes Reindl aufgestellt hineinschlichten,
- mit Milch oder Eiermilch übergießen,
- im Rohr backen.

Anmerkung: Dazu paßt grüner Salat od. Sauerkraut.
Tip: Damit beim Backen nichts ansetzt, erst die Pfanne heiß werden lassen, dann Fett hineingeben.

A. Wolkerstorfer, Allersdorf 9, 4174 Niederwaldkirchen

Blunzentascherln

Nudelteig:
1 1/2 Tassen Mehl
1 Klar
1 Ei
Salz, Essig
2 EL Öl
Blunzenfülle:
rohe Blutwurstmasse

- Nudelteig herstellen,
- 1/2 Stunde rasten lassen.

Blunzenfülle:
- Eine rohe Blutwurstmasse (vom Fleischhauer) noch verfeinern u. würzig-scharf abschmecken.

Zubereitung der Tascherln:
- Nudelteig ausrollen u. in 2 Rechtecke schneiden,
- in regelmäßigen Abständen Blunzenfülle daraufsetzen,
- mit dem 2. Nudelblatt abdecken,
- kleine Quadrate (ca. 3 x 3 cm) ausschneiden u. mit einer Gabel zusammendrücken,
- in Salzwasser ca. 5 Min. leicht kochen.

Anmerkung: Als Beilage Sauerkrautsalat.

Hermine Kohlbauer, Steindorf 108, 4863 Seewalchen

65

Erdäpfelschädl

1 1/2 kg Erdäpfel	
5 EL Grieß	
2 Eier	
Salz	
Muskat	
ziemlich fette Speckscheiben für die Pfanne	

- Erdäpfel schälen, fein reiben u. gut ausdrücken,
- mit den übrigen Zutaten vermischen,
- eine Pfanne mit Speckscheiben auslegen,
- Masse darauf verteilen u. mit Speckscheiben abdecken,
- bei 200° ca. 40 Min. im Rohr backen.

Anmerkung: Dazu grünen Salat oder Sauerkraut servieren.

Anni Pichler, Untersonnberg 19, 4180 Zwettl

Große Osterpastete

Teig:

1/2 kg Mehl	
1 Prise Salz	
1 Ei	
2 EL Wasser	
25 dag Butter	

Fülle:

10 dag geräucherter Speck	
1 Zwiebel	
1 EL Schmalz	
1 altbackene Semmel	
1/2 kg gemischtes Faschiertes	
1 Ei	
Salz, Pfeffer	
je eine Prise Piment, Muskat u. Basilikum	
4 hartgekochte Eier	
1 Dotter	

- Mehl, Salz, Ei, Wasser u. Butter zu einem Mürbteig verkneten,
- diesen in Folie wickeln u. 1–2 Stunden kühlstellen,
- Speck würfelig schneiden,
- in heißem Schmalz auslassen,
- die gehackte Zwiebel hinzufügen u. glasig anschwitzen,
- die Semmel einweichen u. ausdrücken,
- das Faschierte mit der Speck-Zwiebel-Mischung, der zerpflückten Semmel u. dem Ei vermengen,
- mit den Gewürzen abschmecken,
- zu einem länglichen Laib formen, der Länge nach einschneiden,
- die geschälten Eier in die Mitte geben,
- in Alufolie wickeln,
- 30 Min. bei 220° backen,
- auskühlen lassen.
- Den Teig zu einer 1/2 cm dicken Platte ausrollen,
- den Braten darin einschlagen u. die Teigränder mit Eigelb bepinseln,
- die Pastete etwa 3 Stunden bei 180° backen.

Maria Kostak, Waldstraße 9, 4490 St. Florian

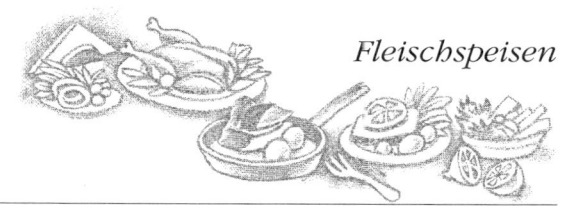

Leberschädel

30 dag	*Schweinsleber*
20 dag	*Schweinsbraten*
3	*alte Semmeln*
etwas	*Milch*
1	*Ei*
5 dag	*Fett*
1	*gehackte Zwiebel*
	Knoblauch, Salz, Pfeffer, Majoran
1	*Schweinsnetz*

- Semmeln feinblättrig schneiden u. mit Milch anfeuchten,
- Leber u. Schweinsbraten faschieren,
- Zwiebel in Fett anrösten,
- alles zusammenmischen u. pikant abschmecken.
- Bratpfanne mit Schweinsnetz auslegen
- die Masse einfüllen, das Netz darüberschlagen,
- im heißen Rohr knusprig braten,
- Leberpunkel in Würfel schneiden.

Anmerkung: Mit Bratensaft u. Sauerkraut servieren.

Maria Obermüller, Rennersdorf 3, 4083 Haibach

Gmundner Schweinszüngerln

2 oder 3	*frische (nicht geselchte) Schweinszüngerln*
	Petersilie
	Salz, Pfefferkörner
10 dag	*Mehl*
1	*Ei*
1/2	*Eierschale Wasser*
1 TL	*Öl*
10 dag	*weiße Semmelbröseln*
	Schweineschmalz

- Schweinszüngerln in reichlich Wasser mit Petersilie, Salz u. einigen Pfefferkörnern kernig weich kochen,
- mit kaltem Wasser abschrecken u. die Haut abziehen,
- in nicht zu dünne Scheiben schneiden,
- in Mehl, Ei (mit Wasser u. Öl gut versprudeln) sowie in Semmelbröseln wälzen,
- in viel heißem Schweineschmalz goldgelb backen.

Anmerkung: Dazu reicht man pikante Mayonnaise u. fein gemischten Salat.

Ilse Faderl, Alleitenweg 30, 4030 Linz

Bauerngrammelschöberl (Omas Rezept)

1 kg	*robe Erdäpfel*
15 dag	*Grammeln*
	Salz, Pfeffer
1 EL	*Mehl oder Grieß*
	Knoblauch nach Geschmack
	Öl

- Die rohen Erdäpfel schälen u. reiben,
- durch ein Sieb oder Tuch abtropfen lassen,
- die geriebenen Erdäpfel in eine Schüssel geben, Salz, Pfeffer, Grammeln, Mehl (Grieß) sowie Knoblauch (zerdrückt) je nach Geschmack dazugeben,
- alles sehr gut durchkneten.
- In eine Kasserolle mit heißem Öl geben, sodaß die ganze Pfanne ausgefüllt ist,
- eine 3/4 Stunde im Rohr backen.

Anmerkung: Mit grünem Salat servieren.

Maria Alscher, Schlag 24, 4905 Thomasroith

Spinatknödel

(4 Portionen)	
25 dag	*Blattspinat (gekocht gewogen)*
3 dag	*Butter*
3	*Eier*
25 dag	*gekochte, passierte, mehlige Erdäpfel*
	Knoblauch
	Pfeffer, Muskat
10 dag	*Semmelbrösel*
	Mehl zum Ausarbeiten

- Spinat blanchieren,
- etwas zerkleinern;
- alles rasch zu einem Teig verarbeiten,
- kleine Knöderln formen,
- in glattem Mehl wenden,
- kochen.

Anmerkung: Heiß mit Butter u. Käse servieren.

Elfi Beranek, Hafnerweg 7, 3352 St. Peter in der Au

Topfenknödel mit Kapernsauce

10 dag	*Butter*
3	*Eier*
50 dag	*Topfen*
20 dag	*Grieß*
10 dag	*Weißbrot (Knödelbrot)*
	Zwiebel, Salz u. Petersilie
	Kapernsauce:
5 dag	*Butter*
1 kleine feingehackte Zwiebel	
2 EL	*Mehl*
10–12 gehackte Kapern	
	Petersilie
etwas	*Suppe*
1 EL	*Zitronensaft*
1 KL	*Senf*
1/4 l	*Rahm*

- Butter u. Eier schaumig rühren,
- mit Topfen, Grieß u. Semmelwürfeln, Zwiebel, Salz u. Petersilie vermischen,
- aus der Masse Knödel formen,
- im kochenden Wasser zugedeckt 25 Min. langsam ziehen lassen.

Kapernsauce:
- Aus Butter, Zwiebel u. Mehl eine lichte Einbrenn machen,
- mit Zitronensaft, Senf, Petersilie u. Kapern abschmecken,
- zum Schluß den Rahm darunterrühren.

Maria Theresia Scheidleder, Larnhauserweg 1, 4060 Leonding

Erdäpfelauflauf

(4 Portionen)	
1/2 kg mehlige Erdäpfel	
10 dag Butter	
1 B. Rahm	
2 Dotter	
1 Prise Salz	
2 Klar	

- Erdäpfel warm passieren;
- Butter, Rahm, Dotter u. eine gute Prise Salz verrühren,
- Erdäpfel dazugeben,
- Klar zu Schnee schlagen und unterheben,
- in eine gefettete Auflaufform streichen,
- bei guter Hitze ca. 40 Min. hellbraun backen.

Anmerkung: Als Beilage rote Ribiseln auf halbierte Pfirsiche (Dose) geben und dazureichen.

Hedwig Harner, Endt 11, 5122 Ach

Dinkel-Gemüse-Auflauf

25 dag Dinkelkörner	
	Fenchel, Majoran, Basilikum
20 dag Topfen	
2 Dotter	
	Salz, Knoblauch, Muskat
2 Klar	
1 kg beliebiges Gemüse (Karotten, Kohlrabi, Lauch, Spinat, Champignons)	
2 EL Butter	
1 EL gehackte Petersilie	
	Fett u. Brösel für die Form

- Dinkel über Nacht in 1/2 l Wasser einweichen,
- im Einweichwasser mit den Kräutern ca. 45 Min. leicht kochen,
- überkühlen lassen,
- Topfen mit den Dottern verrühren,
- Dinkelkörner beigeben u. mit Gewürzen abschmecken,
- Klar zu Schnee schlagen und unterheben,
- die halbe Masse in eine Auflaufform geben,
- blanchiertes Gemüse (ganz oder etwas zerkleinert) darauflegen, mit Butterflocken belegen,
- salzen u. mit Petersilie bestreuen,
- mit der restl. Dinkelmasse abdecken,
- im vorgeheizten Rohr bei 180° etwa 45 Min. überbacken.

Anmerkung: „Iß, trink und freue dich daran, denn morgen schon kann man dich auf Diät setzen!"

Manuela Winkler, Diendorf 17, 4160 Schlägl

Gemüselaibchen

(10 Portionen)

70 dag Karotten
70 dag Karfiol
70 dag Fisolen
30 dag Porree
20 dag Sellerie
25 dag Mehl
5 Eier
Salz, Petersilie
Öl zum Braten

- Das Gemüse waschen, putzen, klein schneiden,
- in wenig Salzwasser kernig kochen,
- abseihen, abtropfen lassen,
- faschieren,
- das faschierte Gemüse mit Ei, Mehl u. den Gewürzen vermengen,
- Laibchen formen,
- in wenig Öl beidseitig anbraten.

Johanna Schwarzlmüller, Grünbrunn 1,
4491 Niederneukirchen

Hirselaibchen

3/4 l Wasser
1 Gemüse-Suppenwürfel
22 dag Hirse
15 dag Gouda-Käse
1 Bund Schnittlauch
2–3 Zehen Knoblauch
etwas Kerbel, Basilikum, Pfeffer, Salz
1 Ei
Öl zum Braten

- Wasser zum Kochen bringen, Würfel darin auflösen,
- Hirse einrühren,
- 10 Min. kochen, dann 20 Min. bei schwacher Hitze ausquellen lassen,
- Käse raspeln,
- alle Zutaten vermengen,
- aus der Masse Laibchen formen,
- in heißem Öl beidseitig goldgelb braten.

Anmerkung: Als Beilage eignen sich grüner Salat (garniert) u. Petersilienerdäpfel. Nach Belieben kann auch Paradeissauce über die Laibchen gegossen werden.

Maria Lettner, Hinterholz 32, 4933 Wildenau

71

Linsenlaibchen

(1–2 Portionen)

7,5 dag Linsen

1 kleine Stange Porree

1 Lorbeerblatt

1–2 TL Suppe

Bohnenkraut (Boaz-kräutl), Oregano

Laibchenmasse:

1/2 Zwiebel

Öl

5 dag Karotten

5 dag Sellerie

1 Ei

ca. 2 EL Weizenvollmehl

Salz, Pfeffer

Margarine zum Braten

Apfelgemüse:

20 dag Äpfel

1/2 Zwiebel

Curry u. Butter

- Linsen am Vortag kochen,
- Zwiebel fein hacken u. glasig andünsten,
- Karotten u. Sellerie fein reiben,
- zu den Zwiebeln geben u. kurz anschwitzen,
- gekochte Linsen, Gemüse, Ei, Weizenvollmehl gut verrühren,
- salzen, pfeffern u. abschmecken (Oregano paßt sehr gut),
- Margarine in der Pfanne zergehen lassen,
- mit dem Löffel kleine Krapferln hineinsetzen u. flachdrücken,
- beidseitig braten.

Apfelgemüse:
- Äpfel schälen u. in dünne Spalten schneiden,
- in Butter u. Zwiebel andünsten,
- mit Curry würzen u. ein paar Löffel Wasser dazugeben.

Kathi Hauser, 4841 Ungenach 24

Oaschmoizfleg
(Eierschmalzflecken)

Nudelteig:

30 dag glattes Mehl

1–2 Eier

2–3 halbe Eischalen Wasser

etwas Salz

Fülle:

8–10 Eier

Salz, Pfeffer

10 dag Butter

- Mehl auf das Brett geben, salzen,
- in der Mitte eine Grube machen u. das mit etwas Wasser versprudelte Ei hineingeben,
- nach und nach das restliche Wasser dazufügen,
- von der Mitte aus mit einem runden Messer Mehl zur Flüssigkeit rühren, bis der Mehlkranz aufgebraucht ist,
- den mittelfesten Teig gut durchkneten bis er fein und glatt ist,
- eine Rolle formen u. in 8 Scheiben schneiden,
- dünn auswalken und übertrocknen lassen.

Fülle:
- Eier in die warme Butter schlagen,
- nach Geschmack würzen,
- Eierspeise bei nicht zu großer Hitze stocken lassen,
- die überkühlte Fülle auf die Teigflecken verteilen,
- zuerst wie einen Strudel einrollen,
- diese Rollen zur Doppelschnecke nach innen drehen.
- Die Rollen in gut gesalzene, kochende Suppe (Würfel) vorsichtig nebeneinander einlegen, sodaß sie gut bedeckt sind, aber nicht durcheinandergeraten können,
- 30 Min. kochen, immer wieder Suppe nachgießen,
- die kernig gekochten Flecken in tiefen Tellern mit etwas Suppe servieren,
- je nach Jahreszeit und Geschmack mit Schnittlauch oder gerösteten Zwiebelringen überstreuen.

Anmerkung: Als Beilage schmeckt eine große Schüssel grüner Salat, u. als Getränk kommt bei dieser Innviertler Kost natürlich nur Most in Frage. Diese Flecken waren bei der Familie meiner Großmutter als „Fastenspeis" sehr beliebt. Sehr cholesterinbewußt kochten die Bäuerinnen vor hundert Jahren allerdings nicht!

Helga Pobitzer, Schnalla 66, 4910 Tumeltsham

Wehners
feinspitzige Spiegeleier

(für eine Person)

2	*Eier*
1 TL	*Petersilie*
1 TL	*Dill*
1/4	*Gurke oder Zucchini*
2 EL	*Dosenmais*
1	*Paradeiser*
1/2	*grüner Paprika*
1/2	*Zwiebel*
5	*entkernte schwarze Oliven*
2 EL	*geriebener Parmesan*
4	*Champignons*
1 1/2 EL	*Olivenöl*
3 EL	*Wasser*
	Knoblauchpulver, grüner Pfeffer, Salz

- In der Pfanne die gehackte Zwiebel im Öl anrösten,
- Gurke (Zucchini), Tomate, Paprika, Oliven, Champignons in ca. 1 cm große Stücke zerkleinern,
- mit der Zwiebel weiter anrösten,
- das Wasser dazugeben,
- sobald die Zutaten fast gar sind, mit Petersilie u. Dille bestreuen,
- mit Knoblauch, Pfeffer u. Salz würzen,
- nun die Eier darüberschlagen,
- mit Parmesan ausstreuen,
- nach dem Stocken herausheben u. sofort servieren.

Anmerkung: Dazu passen Salzstangerln, Bier, Rotwein.

Herbert Wehner, Lindenstraße 24, 4600 Wels

Gangene Erdäpfelbaunkerln

25 dag	*gekochte, heiß gepreßte Erdäpfel*
25 dag	*Mehl*
1	*Ei*
	Salz, Muskat
1 P.	*Germ*
etwas	*Milch*
	Öl zum Backen

- Die ausgekühlten Erdäpfel mit Mehl u. Gewürzen mischen,
- Germ mit etwas Milch glattrühren,
- mit dem Ei unter die Masse rühren,
- den Teig gehen lassen,
- mit einem EL walnußgroße Portionen ins heiße Fett setzen u. beidseitig backen.

Anmerkung: Dazu paßt Blaukraut, Sauerkraut oder Kompott.

Eva Pernegger, Otto-Glöckl-Straße 7/7, 4400 Steyr

Zuspeisen

So wie es Naturschutzorganisationen gibt, die sich um aussterbende Tier- und Pflanzenarten bemühen, müßte es auch eine Küchenkulturschutzorganisation geben, die sich entgegen dem internationalen Einheitsbrei und Einheitsküchenkauderwelsch ausschließlich darum bemüht, daß die liebenswerten Eigenheiten eines jeden Landes erhalten bleiben.

Das gilt zum Beispiel für jene braunen Knollen, die wohl die Grundlage für die beliebteste Zuspeise auch in unserem Lande sind: Erdäpfel – Eine aussterbende Gattung, die von der bundesdeutschen Kartoffel verdrängt wird. „Erdäpfel", so nennen auch die Franzosen die braunen Gemüseknollen, „pommes de terre". Das Wort „Kartoffel" hingegen erinnert an die Ähnlichkeit des Gemüses mit den Trüffeln, die in Italien fast mit Gold aufgewogen werden.

Erdäpfel sind die Grundlage vieler herrlicher Zuspeisen. Man kann sie einfach gekocht essen, im Schmarrn genießen, als Petersilerdäpfel oder Dillerdäpfel verspeisen oder in Knödelteig verarbeiten. Herrliche Salate lassen sich aus ihnen bereiten. Beim Erdäpfelsalat scheiden sich übrigens die Geister. In Oberösterreich, speziell im Innviertel, wird dieser Salat meist aus mehligen Erdäpfeln zubereitet, wobei die Marinade über die noch warmen Erdäpfel gegossen wird. Wiener Erdäpfelsalat wird aus speckigen Knollen zubereitet. Der Essig wird in der klassischen österreichischen Küche beim Erdäpfelsalat übrigens mit Rindsuppe verdünnt.

Schutzbedürftig wie die Erdäpfel sind auch die Paradeiser, die manche überhaupt nur mehr unter der Bezeichnung „Tomaten" kennen. Dabei erinnert ihr Name doch an das Paradies. In der sommerlichen Küche sind sie eine paradiesische Bereicherung. Paradeisersalat, Paradeisersuppe oder Paradeissauce zaubern in diese sommerliche Küche einen herrlichen Duft.

Noch eine aussterbende Gemüseart, die zu den Zuspeisen gehört, sei hier gewürdigt, der Kren. Natürlich kennt man ihn auch im deutschen Nachbarland, nur heißt er dort eben Meerrettich. Wer meint, das sei vornehmer, der soll sich bitteschön auch mit dem Wort „Brötchenmeerrettich" anfreunden. Wenn er dies nicht kann und doch lieber den Semmelkren ißt, ist er noch zu retten. Nun sollen Sie aber nicht länger von den Rezepten abgehalten werden, warten dort doch die herrlichsten Nockerln, Knödel und vieles andere auf Sie.

Erdäpfel-Grießknödel

(8 Portionen)

60 dag mehlige Erdäpfel

20 dag Grieß

10 dag Butter

1 Ei

Salz

etwas Mehl

- Erdäpfel kochen, schälen u. pressen,
- mit zerlassener Butter u. allen anderen Zutaten mischen,
- 20 Min. ziehen lassen,
- Knödel formen u. in kochendes Wasser einlegen.

Anmerkung: Dieses Rezept ergibt ca. 8 Knödel – sie passen ausgezeichnet zu Schweinsbraten.

Anna Doppler, Aschlberg 8, 4201 Gramastetten

Erdäpfel-Semmelknödel

45 dag mehlige Erdäpfel

3 Semmeln

7 dag Butter

1 Ei

9 dag Mehl

Salz

- Semmeln in Würfel schneiden u. in Butter anrösten,
- zu den gekochten, zerdrückten Erdäpfeln die Semmelwürfel u. die restlichen Zutaten geben,
- alles gut vermischen,
- Knödel formen,
- 10 Min. in Salzwasser langsam kochen.

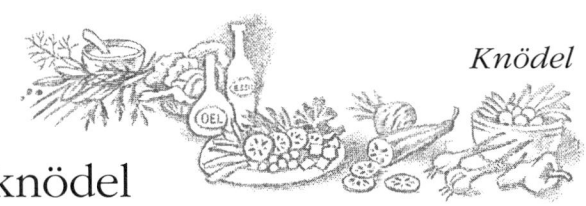

Knödel

Waldviertler Erdäpfelknödel

1/2 kg	*Erdäpfel*
1/8 kg	*Erdäpfelmehl (-stärke)*
	Salz
2 EL	*Grieß*

- Die Erdäpfel kochen,
- wenn sie erkaltet sind, durchpressen,
- etwas Salz u. den Grieß beigeben,
- mit der Hand gut durcharbeiten,
- 1/2 Stunde rasten lassen,
- Knödel formen,
- in kochendes Salzwasser einlegen u. ca. 25–30 Min. kochen.

Anmerkung: Die Knödel sind die klassische Beilage zum Schweinsbraten, man kann sie aber auch als Hauptspeise mit viel Salat oder Kraut essen.

Eva Pernegger, Otto-Glöckel-Straße 7/7, 4400 Steyr

Schnittlauchknödel

80 dag	*mehlige Erdäpfel*
8 dag	*Butter*
2–3 EL	*griffiges Mehl*
10 dag	*feingeschnittener Schnittlauch*
	Salz
	Muskat
2	*Eier*
	Fett für die Form

- Erdäpfel waschen, kochen, schälen u. durchpressen,
- mit Butterflocken, Mehl, Schittlauch, Salz u. Muskat locker vermengen,
- mit den Eiern rasch zu einem glatten Teig verkneten,
- Knödel formen u. in eine gut befettete Auflaufform legen,
- mit Butterflocken belegen,
- im vorgeheizten Rohr bei 200° ca. 30 Min. überbacken.

Anmerkung: Schnittlauchknödel sind eine sehr gute Beilage zu Geselchtem oder Rindsbraten.

Maria Altendorfer, Weberschlag 15, 4141 Pfarrkirchen

Brot-Grießknödel

1/4 l	*Milch*
	Salz
1	*nußgroßes Stk. Butter*
10 dag	*Grieß*
3	*Schwarzbrotscheiben*
1	*feingehackte Zwiebel*
2	*ganze Eier*

- Milch mit Salz u. Butter aufkochen,
- Grieß einrühren,
- vom Herd wegstellen u. auskühlen lassen,
- Schwarzbrotscheiben in Würfel schneiden u. rösten,
- Zwiebel anrösten,
- Brotwürfel, Zwiebel u. Eier zur Grießmasse geben,
- aus dieser weichen Masse mit nassen Händen Knödel formen,
- 10 Min. im Salzwasser ziehen lassen.

Anmerkung: Als Beilage zu Geselchtem oder als Hauptspeise.

Ingrid Adelsmair, Blindenmarkt 32, 4600 Schleißheim

Erdäpfel-Serviettenknödel

40 dag	*Erdäpfel*
10 dag	*Grieß*
5 dag	*Butter*
2	*Eier*
	Salz

- Am Vortag gekochte Erdäpfel reiben,
- mit Grieß, zerlassener Butter u. Eiern gut vermischen,
- diese Masse in eine feuchte, befettete Serviette einwickeln,
- eine 3/4 Stunde in Salzwasser kochen.

Anmerkung: Als Mehlspeise mit Zwetschkenröster schmeckt der Serviettenknödel ganz besonders gut.

Marianne Hummelberger, 4580 Windischgarsten 295

Grießknödel

(8 Portionen)

1/2 l Milch
6 dag Butter
24 dag Grieß
3 Eier
Salz
geriebener Muskat
Schnittlauch

- Milch, Butter, Salz u. Muskat in einer Kasserolle aufkochen lassen,
- den Grieß beigeben u. mit dem Kochlöffel zu einer dicken Masse verrühren,
- die Masse in eine andere Schüssel geben u. erkalten lassen,
- dann die ganzen Eier mit einem Kochlöffel unterrühren,
- wenn nötig noch würzen,
- 16 kleine Knödel formen,
- in Salzwasser langsam 10 Min. kochen.

Anmerkung: Als Hauptspeise die Knödel vor dem Servieren mit geschnittenem Schnittlauch bestreuen oder als Beilage zu Selchfleisch reichen.

Charlotte Neunkirchner, Pechrerstraße 22, 4020 Linz

Bohnenstrudel

2 Strudelblätter
25 dag gekochte weiße Bohnen (aus der Dose)
5 dag Speckwürfel
2 in Würfel geschnittene Semmeln
8 dag Schmalz
1/2 l Rahm
Salz, Pfeffer
1 Ei
Butter zum Bestreichen

- Strudelblätter vorbereiten,
- kleingeschnittene Semmeln u. Speck im Schmalz rösten,
- Bohnen dazugeben u. würzen,
- Strudelblätter mit Rahm bestreichen,
- Fülle daraufgeben u. einrollen,
- auf ein Blech legen, mit Butter u. Ei bestreichen,
- bei 180–200° ca. 30 Min. backen.

Anmerkung: Eignet sich gut als Beilage (etwa zu Rostbraten) oder mit Salat als Hauptspeise.

Gabi Oberndorfer, Inharting 57, 4623 Gunskirchen

Blaukraut

1 kg Blaukraut
1 Zwiebel
5 dag Butter
3 säuerliche Äpfel
5 EL guter Obstessig
Salz
Kümmel
1 EL Zucker
1 geh. EL Mehl
1/4 l Suppe oder Wasser
1 paar EL Schlagobers

- Butter mit kleingeschnittener Zwiebel u. dem Zucker hellgelb rösten,
- das feingeschnittene Kraut, Salz u. Kümmel dazugeben, durchrühren u. mit dem Essig und 1/2 Schale Wasser löschen,
- obenauf die geschälten, halbierten Äpfel geben u. alles weichdünsten,
- mit dem Mehl stauben, durchrühren, mit Suppe oder Wasser aufgießen, weichkochen.
- Wenn notwendig, mit etwas Essig oder Zucker abschmecken u. mit Schlagobers abrunden.

Anmerkung: Dieses Rezept habe ich von meiner Mutter, einer Bäuerin aus dem Hausruckviertel; sie hat es schon vor 50 Jahren so gekocht.

Theresia Lidauer, Hauptschulstraße 15, 4802 Wolfsegg/H.

Specksauerkraut

1 kg Sauerkraut
Salz
Kümmel
4–6 zerdrückte Wacholderbeeren
1 kleines Lorbeerblatt
40 dag Surspeck (oder Selchfleisch)

- Sauerkraut mit Salz, Kümmel, Lorbeerblatt u. Wacholderbeeren in wenig Wasser weich kochen,
- der Selchspeck wird in Schnitten mit dem Kraut zusammen weichgekocht.

Maria Sperl, Geretsdorf 7, 5274 Burgkirchen

Kohlgemüse

1 Häuptel Kohl
Salz
Kümmel
2 mittlere Erdäpfel
Pfeffer, Knoblauch
Einmach:
8 dag Butter
8 dag Mehl
1/2 l Milch

- Kohl nudelig schneiden,
- mit siedendem Wasser überbrühen,
- in frischem Salzwasser mit Kümmel weichkochen,
- Erdäpfel schälen, in kleine Stücke schneiden u. mitkochen.
- Wenn der Kohl weich ist, im Topf mit dem Kartoffelstampfer zerdrücken,
- eine etwas dunklere Buttereinmach bereiten,
- diese in das Kohlgemüse einrühren u. mit Milch aufgießen,
- das Kohlgemüse muß noch einige Zeit unter Zugabe von Milch weiterkochen.
- Mit Pfeffer u. etwas zerdrücktem Knoblauch würzen.

Anmerkung: Diese Zubereitung macht das Kohlgemüse zu einem leicht verdaulichen u. außerordentlich schmackhaften Gemüse.
Als Beilage zu Rindfleisch.

Hildegunde Fries, Grillparzerstraße 7, 4560 Kirchdorf

Stöckelkraut

1 Häuptel Stöckelkraut
Salz
Kümmel

- Ein Stöckelkraut halbieren,
- in Salzwasser mit viel Kümmel kochen,
- auf Tellern anrichten u. mit Bratenfett übergießen.

Anmerkung: Als Beilage zu Schweinsbraten u. Erdäpfelknödeln.

Rosa Möderl, Ödmühlweg 42, 4040 Linz

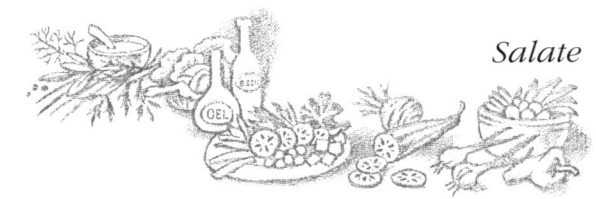

Vogerlsalat

25 dag Vogerlsalat
1 Stange Porree
2 Äpfel
1 Ei
Salz
Essig
Öl

- Salat sauber verlesen u. gründlich waschen,
- den Porree fein schneiden (auch das grüne),
- Äpfel schälen u. in kleine Stückchen schneiden,
- Marinade herrichten,
- Äpfel ziehen lassen,
- den Porree untermischen, zum Schluß erst den Salat,
- das hartgekochte Ei fein hacken u. darüberstreuen.

Maria-Therese Scheidleder, Larnhauserweg 1, 4060 Leonding

Chinakohlsalat mit Kren

1 Häuptel Chinakohl
2 Äpfel
Marinade:
1/2 B. Joghurt
1/2 B. Rahm
2 EL Obstessig
Salz
1/2 TL Honig
gehackte Petersilie
1 EL geriebener Kren

- Marinade bereiten,
- Chinakohl u. Äpfel feinnudelig schneiden,
- die Marinade vorsichtig unterziehen.

Anna Treml, Ahorn 9, 4184 Helfenberg

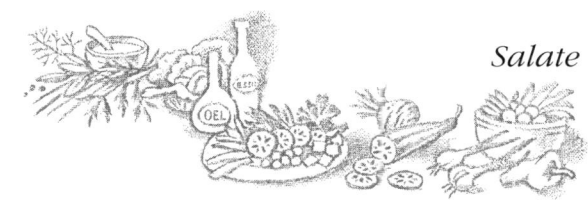

Speck-Erdäpfel-Salat

1 kg	*speckige (festkochende) Erdäpfel*
4 EL	*Öl*
	Salz, Pfeffer
2 cl	*Rotwein (Zweigelt, Blaufränkischer usw.)*
20 dag	*Selchbauch*
1	*große Zwiebel*
2 EL	*Wein- oder Mostessig*
1	*kleine Salatgurke*
etwas	*Dill u. Petersilie*

- Die Erdäpfel in der Schale kochen, abschrecken u. schälen,
- ausgekühlt in Scheiben schneiden,
- aus Öl, Salz, Pfeffer u. Rotwein eine Marinade bereiten,
- über die Erdäpfelscheiben leeren.
- Bauchspeck würfelig schneiden,
- mit der feingehackten Zwiebel in einer Pfanne glasig werden lassen,
- mit Essig ablöschen,
- über die Erdäpfel gießen,
- gut abmischen u. abschmecken.
- Salatgurke in Scheiben schneiden u. damit den Schüsselrand auslegen,
- den Erdäpfelsalat einfüllen u. mit feingehacktem Dill u. Petersilie bestreuen.

Anmerkung: Zeitaufwand ca. 1 Stunde.

Leopold Hummelbrunner, Neue Landstraße 27, 4655 Vorchdorf

Rettich-Erdäpfelsalat

2	*schöne schwarze Rettiche*
	Salz, Pfeffer
5	*Erdäpfel*
1/4 l	*Rahm*

- Rettich schälen u. fein raspeln,
- etwas einsalzen u. stehenlassen,
- Erdäpfel kochen, schälen, mit der Presse zerdrücken,
- mit Rahm zu einem dicken Brei vermischen,
- mit dem geraspelten Rettich vermengen,
- mit Salz u. Pfeffer abschmecken.

Anmerkung: Statt Rahm kann auch Joghurt verwendet werden.

Hermine Schnellenberger, P.-Rosegger-Straße 3, 4563 Micheldorf

Rotkrautsalat

1	kleines Häuptel Rotkraut

Salatsauce:

1	Apfel, feingerieben
	Zitronensaft
4 EL	Öl
	Salz
	Apfelessig
	geriebener Kren
0,20 l	Rahm
1	mittlere, feingewiegte Zwiebel

• Rotkraut fein hobeln u. mit der Salatsauce vermischen.

Erika Lahnsteiner, Marktfeld 23, 4890 Frankenmarkt

Süße Schmankerln

Wer die österreichische Mehlspeisküche nicht kennt, der kennt die österreichische Küche überhaupt nicht. Meistens versteht man unter Mehlspeisen süße Speisen, bei denen neben dem Mehl eben der Zucker eine wichtige Rolle spielt. Mehlspeisen können aber durchaus auch sauer gegessen werden.

Über österreichische Mehlspeisen sind schon dicke Bücher geschrieben worden. Die enorme Vielfalt und Verschiedenartigkeit ist wie so vieles in unserer Küche ein Überbleibsel aus der Donaumonarchie. Die böhmischen Köchinnen galten als die unbestrittenen Meisterinnen der Mehlspeisküche. Der gelernte Österreicher wird sich auch auf einer Speisekarte in tschechischer Sprache zumindest im Mehlspeisteil ein bißchen zurechtfinden.

Die Tascherln oder Tatschkerln kommen ebenso aus der böhmischen Mehlspeisküche wie die Pofesen. Übrigens haben auch die Buchteln oder Wuchteln dort ihren Ursprung. Auch die Palatschinken findet man dort.

Aber nicht jede Mehlspeise, die köstlich schmeckt, kommt aus Böhmen. Ein Strudel ist eine richtig österreichische Spezialität. Und ein richtiger Strudel wird mit Strudelteig zubereitet und natürlich gefüllt. Wer nun meint, es hätte uns hier „gestrudelt", es sei uns ein Fehler unterlaufen, weil wir den Blätterteigstrudel vergessen hätten, der sei eines Besseren belehrt. Die Verwendung von Blätterteig für den Strudel kommt aus der französischen Küche.

Den Zusammenhang zwischen einem Strudel und dem „Strudeln", also auf gut neudeutsch dem „Ins-Schleudern-kommen", kann ich Ihnen nicht erklären. Wohl aber den zwischen dem „Schmarrn" auf dem Teller und dem „Schmarrn" als einer leicht verächtlichen Bezeichnung für Dinge, die danebengegangen sind.

Der Kaiserschmarrn, der wohl berühmteste Schmarrn, liefert eine herrliche Erklärung. Seine Majestät waren jagen, verspürten Hunger und kamen unerkannt an einer Almhütte vorbei. Die biedere Sennerin erkannte die kaiserliche Majestät nicht und meinte auf seine Bitte um Essen, sie könne ihm nur so einen Schmarrn servieren, eine Mischung aus Mehl, Ei, Milch und vielleicht ein paar Rosinen. Das Ganze würde sie halt in heißem Fett vermischen und dann auf offenem Feuer zubereiten. Seine Majestät war über den „Schmarrn" höchst erfreut und verlieh ihm den Titel Kaiserschmarrn.

Die Krapfen und die Mohnnudeln wiederum sind Mehlspeisen, die wir getrost als oberösterreichische Spezialität in Anspruch nehmen dürfen. Von ihnen gibt es keine kaiserlichen Geschichten. Wer sie kennt, weiß aber, daß sie der feinsten Küche durchaus würdig sind.

Bevor Sie nun ob der langen Einleitung ungeduldig werden, darf ich Sie kurz, aber herzlich bitten, auch beim Kapitel Mehlspeisen unsere österreichische Küchensprache nicht zu vergessen. Nicht nur einmal habe ich es erlebt, daß in einer Konditorei eines Fremdenverkehrsortes ein Apfelstrudel als Apfeltorte oder als Apfelkuchen angeboten wurde. Seien wir stolz darauf, daß wir den Unterschied zwischen Kuchen und Torte kennen und daß sich auch ein Strudel nicht gern als Kuchen oder Torte verkaufen läßt. Und wenn Sie Ihre Torte noch besonders verfeinern wollen, dann tun Sie´s bitte nicht mit Schlagsahne, sondern mit Schlagobers. Quarksahnetorten sind bei uns nicht daheim, auch Käsesahnetorten nicht. Sahne heißt bei uns Obers, und der einzige Käse, der in eine Torte paßt, ist der Topfen. In der Hoffnung, daß Sie jetzt nicht still vor sich hinsagen: „So ein Topfen!" wünschen wir Ihnen viel Freude mit unseren Mehlspeisen.

Eis-Gugelhupf

6	*Eigelb*
1/8 kg	*Zucker*
1	*Vanilleschote*
3 B.	*Schlagobers*
1 P.	*Schokoladeneis*
1	*Weinglas Likör (Grand Marnier)*

- Eigelb, Zucker u. herausgekratztes Mark einer Vanilleschote im Wasserbad zu einer cremigen Masse schlagen,
- Eigelbcreme kühlstellen,
- die Creme ab u. zu umrühren,
- Schlagobers steif schlagen u. die Creme locker unterheben,
- eine Gugelhupfform im Gefrierfach kühlen u. die Hälfte der Creme einfüllen,
- das Eis darauf verteilen u. die restliche Creme darauf verstreichen,
- 5–6 Stunden in die Tiefkühltruhe stellen.
- Gugelhupf durch Eintauchen der Form in heißes Wasser u. durch Schütteln lösen,
- auf eine kalte Platte stürzen, ev. mit Schokoladesauce überziehen u. servieren.

Rosa Ranseder, Sindhöring 15, 4973 St. Martin

Kalte Joghurttorte

1 B.	*Joghurt*
1 B.	*Schlagobers*
4 Bl.	*Gelatine*
	Saft einer Zitrone
etwas	*Zucker*
	Früchte, Biskotten
	ev. Schlagobers zum Verzieren
	ev. Rum

- Gelatine in Wasser einweichen, in 3 EL heißem Wasser oder Rum auflösen u. mit Joghurt, Zitrone u. Zucker verrühren,
- Schlagobers steif schlagen u. einmengen.
- Eine runde Form kalt ausspülen, mit Biskotten belegen,
- die Masse u. beliebige Früchte in die Form leeren,
- kaltwerden lassen, bis es gestockt ist,
- aus der Form lösen u. stürzen,
- das gewünschte Stück aufschneiden u. mit Schlagobers verzieren.

Anmerkung: Als i-Punkt noch eine Frucht daraufgeben. Schmeckt besonders im Sommer gut!

Helga Hillbrand, Steinach 8, 4822 Bad Goisern

Reisknödel

(4 Portionen)

10 dag Reis

1/2 l Milch

3 dag Zucker

3 Bl. Gelatine

1/4 l Schlagobers

1 EL Rum

1 Tafel Schokolade

etwas Milch

- Reis in Milch weichdünsten,
- Zucker u. eingeweichte Blattgelatine einrühren u. kaltstellen,
- geschlagenes Schlagobers u. Rum darunterziehen,
- die Masse 2 Stunden überkühlen lassen,
- mit dem Eisportionierer Kugeln ausstechen u. mit geschmolzener u. mit Milch verdünnter Schokolade übergießen.

Maria Obermüller, Remersdorf 3, 4083 Haibach

Sommer-Rendezvous

3/8 l Joghurt

15 dag Staubzucker

1 1/2 P. Vanillezucker

Zitronenschale

9 Gelatineblätter

3/8 l Schlagobers

1/8 l Orangensaft

Erdbeerpüree, Himbeerpüree, Brombeerpüree oder Stachelbeerpüree oder von jedem etwas

- Gelatineblätter im kalten Wasser 15 Min. einweichen u. ausdrücken,
- Joghurt, Staubzucker, Vanillezucker u. Zitronenschale mit dem Schneebesen verrühren,
- Gelatineblätter in erwärmtem Orangensaft auflösen u. unter die Joghurtmasse rühren.
- Schlagobers steif schlagen u. mit dem Schneebesen unter die Joghurtmasse ziehen,
- die Joghurtmasse in ein hohes Geschirr geben u. im Kühlschrank stocken lassen.
- Das Fruchtpüree (oder die Fruchtpürees) auf Portionsteller verteilen. Mit einem in heißes Wasser getauchten Löffel aus der Joghurtmasse Nockerln stechen u. auf das Püree legen, ev. noch mit ganzen Beeren garnieren.

Anmerkung: Zeitaufwand ca. eine 3/4 Stunde.

Leopold Hummelbrunner, Neue Landstraße 27, 4655 Vorchdorf

Hollerkoch

60 dag	*Hollerbeeren*
15 dag	*halbierte Zwetschken*
1/4 l	*Wasser*
	Zucker, Zimt, Zitrone
1/2 P.	*Puddingpulver*

- Holler abrebeln, mit Wasser u. Zwetschken kochen,
- Gewürze mitkochen, Zucker dazugeben.
- Puddingpulver mit Wasser anrühren u. in das kochende „Kôh" geben,
- abschmecken.

Renate Kaufmann, Schulstraße 20, 4050 Traun

Süßmostcreme

1/4 l	*Süßmost*
	Saft von Orangen u. Zitronen
1 EL	*Stärkemehl*
2	*Eier*
5 EL	*Staubzucker*
2 B.	*Rahm*
ev. 1/8 l	*Schlagobers zum Verzieren*

- Most, Orangensaft, Zitronensaft, Zucker u. Stärkemehl verquirlen,
- kurz aufkochen lassen u. überkühlen
- 2 Dotter u. Rahm einrühren, Schnee schlagen u. unterheben.
- In Cremegläser füllen u. kühlstellen.
- Vor dem Servieren ev. mit Schlagobers verzieren.

Gertrude Wörlinger, Langdorf, 4941 Mehrenbach

Eierkäse (Oakas)

1 l	*Milch*
7	*Eier*
etwas	*Zucker*
	Rosinen

- Milch heiß werden lassen, nach Geschmack süßen, Eier gut absprudeln u. in die heiße Milch geben,
- auf kleiner Flamme weiter ziehen lassen (nicht kochen),
- mit dem Kochlöffel solange rühren, bis der Eierkäse stockt (ca. 1/2 Stunde).
- Die puddingartige Masse in kleine Formen füllen, nach Geschmack Rosinen zugeben u. erkalten lassen.

Anmerkung: Eierkäse wird bei uns im Innviertel jedes Jahr zu Ostern in kleinen Lamperlformen serviert.

H. Detzlhofer, 4980 Antiesenhofen 57

Gschlamperter Mühlviertler Rahmstrudel

(10 Portionen)

Strudelteig:

30 dag glattes Mehl

1 Ei

3 EL Öl

1/8 l lauwarmes Wasser

1 EL Essig

1 Prise Salz

Brösel

Fülle:

1 1/2–2 kg Früchte (z. B. Äpfel oder Marillen)

5 dag Semmelbrösel

10 dag gehackte Nüsse

5 dag Rosinen

10 dag Zucker, gemischt mit Vanillezucker

1/8 l Rahm

1/2 l Milch

Zimt

5 dag Butter

- Strudelteig bereiten: Alle Zutaten sehr gut abschlagen, Teig ca. 1/2 Stunde warm rasten lassen,
- Semmelbrösel, gehackte Nüsse anrösten,
- Rosinen über Nacht in Bauernschnaps oder Rum tränken,
- Strudelteig dünn ausziehen, mit zerlassener Butter, Rahm, Bröseln u. Nüssen bestreuen, dicht mit Früchten belegen, darauf Zimt, Rosinen u. Zucker streuen,
- einrollen, in die mit Butter ausgestrichene Rein geben,
- Strudel mit Butter bestreichen, bei mittlerer Hitze backen, in der Hälfte der Backzeit mit Milch begießen u. goldgelb fertigbacken.

Anmerkung: In unserem Haushalt werden die dicken Enden nicht abgeschnitten, um die reschen, knusprigen „Rammerl" gibt es immer ein „G´riß".

Erika Schröder, Innertreffling 44, 4210 Gallneukirchen

Wespennester

(10 Portionen)

Teig:

1 kg *Erdäpfel, gekocht*

30 dag *Mehl*

4 dag *Butter*

etwas Salz

Fülle:

ca. 1 kg Äpfel

Zucker, Zimt

8 dag *Butter*

10–15 dag Semmelbrösel

- Alles rasch zu einem Teig kneten,
- 1/2 cm dick rechteckig ausrollen,
- mit in Butter angerösteten Semmelbröseln bestreuen,
- Apfelspalten, Zucker u. Zimt auflegen,
- Teig wie einen Strudel einrollen.
- 4–5 cm breite Stücke abschneiden, mit der Schnitt-fläche nach unten in eine gut befettete Rein setzen,
- bei mittlerer Hitze goldbraun backen,
- überzuckern.

Anmerkung: Mit kalter Milch servieren – das schmeckt besonders gut. Dieses Rezept hat meine Großmutter schon immer so gut gemacht!

Erdäpfelnudeln (Tamborschwanzln)

1 kg *gekochte Erdäpfel*

35 dag *Mehl*

Salz

2 *Eier*

1 B. *Rahm*

- Aus den Zutaten einen glatten Erdäpfelteig zubereiten,
- daraus fingerdicke „Wutzerln" (Würsterln) formen,
- in eine Pfanne (Form) geben,
- goldgelb backen,
- Eier u. Rahm darübergießen u. nochmals im Rohr backen, bis der Rahm aufgesogen ist.

Anmerkung: Diese Speise ist sowohl eine herzhafte Beilage als auch eine kräftige Hauptspeise. Als Beilage warmes Sauerkraut.

Noch eine gute Variante:
- Keinen Rahm darübergießen, sondern die gesottenen Erdäpfelnudeln in Butterbröseln oder in geriebenem Mohn wälzen u. mit Staubzucker bestreuen.

Anmerkung: Die Mohnnudeln schmecken ganz herrlich mit kalter Milch.

Hanna Kastner-Blumschein, Koberbergweg 14, 5020 Salzburg

Germknödel

(ca. 8 St.)	
25 dag	*Mehl*
5 dag	*Butter*
1	*Würfel Germ*
1/16 l	*Wasser*
1	*Ei*
1	*Prise Salz*
	abgeriebene Zitronenschale
12 dag	*Powidl (mit Rum u. Zimt abschmecken)*
	Butter f. die Pfanne
	Mohn u. Zucker zum Bestreuen

- Zerbröselte Germ, Wasser, 1 Prise Salz, abgeriebene Zitronenschale nach Geschmack, Ei u. Butter (nicht zerlassen) zu einem festeren, formfähigen Teig kneten.
- Zugedeckt 1/2 Stunde rasten lassen,
- den Teig in ca. 8 St. teilen, in die Mitte einen TL dicken Powidl geben u. zu Knödeln formen,
- mit einem Tuch bedeckt gehen lassen, bis sie um die Hälfte größer sind.
- Entweder in schwach wallendes, gesalzenes Kochwasser legen oder über Wasserdampf 12–15 Min. garen.
- Mit Mohn u. Staubzucker (vermischt) bestreuen u. mit zerlassener Butter beträufeln.

Helga Friesenecker, Dietach 7, 4600 Wels

Weinbeerschlägl

(10 Portionen)	
4 dag	*Germ*
60 dag	*glattes Mehl*
etwas	*Salz*
3	*Eier*
20 dag	*Zucker*
15 dag	*Rosinen*
1 EL	*Rum*
10 dag	*zerlassene Butter*
	Milch nach Bedarf
	Butterschmalz

- Germ mit lauwarmer Milch u. etwas Zucker abrühren u. aufgehen lassen,
- mit allen Zutaten zu einem mittelfesten Germteig abschlagen,
- zugedeckt an einem warmen Ort ca. 1 1/2 Stunden gehen lassen.
- In eine mit zerlassenem Butterschmalz gut ausgestrichene Form (Rein) geben.
- Nochmals 1/4 Stunde gehen lassen,
- im vorgeheizten Rohr bei ca. 180° backen,
- noch warm aus der Form stürzen u. mit Staubzucker bestreuen.

Hermine Streif, Jubiläumstraße 6, 5280 Braunau

Innviertler Dampfnudeln

(10 Portionen)

50 dag Mehl

6 dag Zucker

10 dag zerlassene Butter

1 P. Vanillezucker

etwas Salz

1 Ei

1 P. Germ (Trockengerm)

2 Dotter

3/8 l lauwarme Milch

etwas zerlassene Butter

Vanillesauce:

3/4 l Milch

1 P. Puddingpulver
Vanillegeschmack

5 dag Zucker

2 P. Vanillezucker

- Das Mehl in eine Schüssel sieben, Germ einstreuen,
- in die Mitte eine Vertiefung eindrücken u. Zucker, Vanillezucker, Salz, Ei, Dotter u. Butter hineingeben,
- von der Mitte aus alle Zutaten verrühren u. die Milch hinzufügen.
- Den Teig so lange schlagen, bis er Blasen wirft u. an einem warmen Ort gehen lassen, bis er doppelt so hoch ist.
- Teig durchkneten, zu einer Rolle formen u. 4 cm lange Stücke abschneiden,
- die Teigstücke mit Butter bestreichen u. nicht zu dicht nebeneinander in eine Pfanne (Boden mit Milch bedecken) legen; wieder gehen lassen,
- erst dann auf der untersten Schiene des Rohres bei guter Mittelhitze (ca. 180°) 40–50 Min. backen,
- Vanillesauce nach Vorschrift auf dem Päckchen zubereiten u. zum Schluß den Vanillezucker unterrühren.

Anmerkung: Dieses Gericht ist eine gute Freitagskost (ist noch immer ein Fasttag auf dem Lande). Statt Vanillesauce paßt auch eine Süßmostcreme, aber ohne Dotter, Rahm u. Schlagobers.

Gertrude Wörlinger, Langdorf, 4941 Mehrnbach

Zwetschkenauflauf

(4 Portionen)

3 Eier

7 dag Butter

10 dag Zucker

25 dag Topfen

12 dag Grieß

1/2 TL Backpulver

Zitronenschale

50 dag halbierte Zwetschken

- Butter, Zucker u. Dotter flaumig rühren,
- Topfen, Zitronenschale einrühren,
- den mit Backpulver vermengten Grieß u. den steifen Eischnee abwechselnd unterheben,
- Zwetschken einmengen,
- in eine befettete Auflaufform füllen,
- bei 180° ca. 30 Min. backen.

Waltraud Moser, 4971 Eitzing 72

Topfenschmarrn mit Erdbeersauce

(4 Portionen)

1/2 kg	Topfen
1 B.	Rahm
	Schale von einer Zitrone
1 Prise	Salz
1/2 P.	Vanillezucker
3 EL	Weizengrieß
2 TL	Stärkemehl
5	Eier
2 EL	Zucker
3 EL	Butter
	Staubzucker

Erdbeersauce:

1/4 kg	Erdbeeren
9 dag	Staubzucker
	Zitronensaft
1 Schuß	Orangenlikör

- Topfen passieren,
- Eier in Dotter u. Klar trennen,
- Zitronenschale reiben,
- Topfen mit Rahm, Zitronenschale, Salz, Vanillezucker, Grieß, Stärkemehl u. Dottern abrühren u. ca. 1/2 Stunde rasten lassen, damit der Grieß anziehen kann.
- Klar mit Zucker zu Schnee schlagen, 1/3 vom Schnee fest einrühren, Rest locker unterheben.
- Butter in einer Pfanne leicht erhitzen, Topfenmasse eingießen u. ins vorgeheizte Rohr schieben,
- bei 180–200° auf jeder Seite ca. 8 Min. lang backen.
- Schmarrn aus dem Rohr nehmen, mit Gabeln zerreißen u. auf vorgewärmte Teller verteilen,
- angezuckert servieren.

Erdbeersauce:
- Erdbeeren mit Zucker, Zitronensaft u. dem Orangenlikör pürieren.

Ernestine Holzer, Weinviertl 3, 4251 Sandl

Mutzen

(4 Portionen)

25 dag	Topfen
2	Eier
3 EL	Zucker
1 P.	Vanillezucker
1 TL	Natron
	Salz
25 dag	glattes Mehl

- Alles vermengen,
- mit einem kleinen Löffel kleine Häufchen ins heiße Fett legen u. schwimmend herausbacken.

Anmerkung: Das ist ein sehr einfaches u. gutes Rezept.

Stefanie Brosch, 4462 Reichraming 13

Topfennudeln

13 dag Butter
3 Dotter
2 Eier
5 dag Zucker
14 dag Topfen
28 dag Mehl
Salz
1,5 dag Germ
1 1/2 Tassen Milch
5 dag Mandeln

- 7 dag Butter schaumig rühren, nach u nach Zucker, Dotter u. Eier zurühren,
- Topfen, Salz, Mehl u. in wenig lauwarmer Milch aufgelöste Germ zugeben,
- schlagen, bis sich der Teig von Löffel u. Schüssel löst,
- 1 Stunde in der Wärme gehen lassen.
- Auf ein bemehltes Brett stülpen u. kleine Nudeln formen,
- die Nudeln in zerlassene Butter tauchen,
- in eine Auflaufschüssel, in der zuvor die restliche Milch erwärmt wurde, nebeneinander legen,
- mit gehackten Mandeln bestreuen,
- nochmals aufgegangen im heißen Rohr backen.

Anmerkung: Als Beilage Vanillecremesauce.

Theresia Autengruber, Brandnerberg 2, 4812 Pinsdorf

Topfenauflauf mit Äpfeln

(4 Portionen)
6 dag Butter
12 dag Zucker
3 Eier
Zitronenschale
1/2 kg Topfen
7 dag Maizena
5 dag Rosinen
1/4 kg Äpfel

- Butter flaumig rühren, Zucker, Dotter, Zitronenschale u. Topfen fest einrühren,
- Maizena, Rosinen u. Eischnee unterheben,
- den Boden einer feuerfesten, gefetteten Form mit Apfelspalten auslegen u. die Topfenmasse darüberstreichen,
- den Auflauf bei 180° ca. 50 Min. backen,
- nach dem Backen ev. anzuckern.

Anmerkung: Wenn ich und Gott nichts tät´, ihr alle nichts zu essen hätt´.

Frieda Reichinger, Matzelsberg 9, 4952 Weng

Grießsterz

30 dag grober Grieß
18 dag Butter oder
14 dag Butterschmalz
1/2 l Milch
4–5 St. Zuckerwürfel
Safran, Zimt u. Salz
ev. Rosinen

- Milch zum Kochen bringen,
- Zucker u. Zimt dazugeben,
- Safran klein zermahlen, zugeben,
- Grieß einrieseln lassen, aufkochen lassen, bis eine feste Masse entsteht,
- Fett hineingeben u. die ganze Masse rösten lassen, bis der Sterz goldgelb wird,
- ev. Rosinen dazugeben,
- die fertige Masse gut überzuckern.

Anmerkung: Zwetschkenröster oder Apfelmus dazu essen. Dies ist ein altes Goiserer Hochzeitsmahl u. wird als Frühstück am Tage der Hochzeit mit Kaffee gereicht.

Veronika Scheutz, Stambach 73, 4822 Bad Goisern

Gebackene Brennessel

Brennesselblätter
Backteig
Fett
Zucker

- Frische Brennesselblätter in Backteig tauchen,
- in heißem Fett goldgelb backen.
- Abtropfen lassen u. mit Zucker bestreut servieren.

Anmerkung: Die Brennesselblätter schmecken aber auch ohne Zucker sehr gut, z. B. mit frischen Blattsalaten.

Gisela Dobler, Edt 21, 5273 Roßbach

Bild vorige Seite: ◀

*Eine Fülle von Zutaten ergibt die Pracht von „Wehners feinspitzigen Spiegeleiern"
(Rezept Seite 74)*

Bild nächste Doppelseite: ▶

*Nicht nur zur Weihnachtszeit eine
beliebte Bäckerei:
Mostkekse (Seite 121)*

◀

*Brot – vielleicht einmal selbstgebacken:
Hausbrot (vorne; Rezept Seite 126);
eine „Brotjause" aus
Buttermilchweckerln (Seite 128);
Brotzelten (Seite 129) als Beigabe zur
Erdäpfelsuppe oder zu Most und Bier.*

Die Vollmehl-Nußroulade (Rezept Seite 115) ist die ideale „geschwinde Mehlspeise".

*Die Marzipankarotten auf Kiwischeiben machen die Karotten-Kiwi-Torte (Seite 106)
besonders festlich.*

*Topfencremetorte (Rezept Seite 102).
Die Creme kann auch obenaufgestrichen und mit Früchten der Saison verziert werden.*

Die Linzertorte (Rezept Seite 104) eignet sich ausgezeichnet zum Vorbacken.
In Folie gehüllt, schmeckt sie nach Tagen noch saftig.

Den erlesenen Geschmack der Glasierten Gewürzschnitte (Seite 112) können Sie durch
eine Schokoladeglasur noch verfeinern.

Rahmdalken

1/4 l *Schlagobers*
24 dag *Mehl*
Salz
6 *Klar*
18 dag *Zucker*
Marmelade nach Bedarf

- Schlagobers mit Mehl glattrühren u. salzen,
- Klar mit Zucker aufschlagen u. darunterziehen,
- In einer Dalkenform beidseitig backen.
- Je 2 mit Marmelade zusammensetzen,
- heiß servieren.

Anmerkung: Wer keine Dalkenform besitzt, kann kleine Dalken in einer normalen Pfanne backen.

Rosa Dötzlhofer, Ittensam 8, 4653 Eberstalzell

Gebackene Zwetschkenknödel

(10 Portionen)
Erdäpfelteig:
1 kg *mehlige Erdäpfel*
30 dag *Mehl*
4 dag *Butter*
2 *Eidotter*
Salz
1 kg *Zwetschken*
1/8 l *Schlagobers*
Butter für die Form

- Die Erdäpfel kochen u. passieren,
- mit Eidottern, Butter, Mehl u. Salz zu einem glatten Teig verarbeiten,
- mit den Zwetschken daraus kleine Knödel formen.
- Zerlassene Butter in eine Pfanne geben u. die Knödel reihenweise einschlichten,
- die Zwischenräume mit Zwetschken ausfüllen,
- im heißen Rohr schön braun backen lassen.
- Vor dem Servieren die Knödel mit Obers übergießen u. noch ein paar Minuten ins Rohr stellen.

Rita Seifriedsberger, Breitenstraße 9, 4870 Vöcklamarkt

Hoanslschoaßl mit Kletzensauce

(10 Portionen)	
50 dag	*Weizenvollmehl*
30 dag	*Milch*
1 dag	*Salz*
4 dag	*Germ*
5 dag	*Butter*
1 EL	*Öl*
2 EL	*Honig*
	Backfett
1/2 kg	*Kletzen oder Dörrzwetschken*

Für dieses aus dem Hausruck stammende Gericht
- einen geschmeidigen Germteig bereiten,
- Backfett heiß werden lassen,
- von der Masse walnußgroße Stückchen abstechen,
- die kleinen Kugerln schwimmend herausbacken.

Anmerkung: Hoanslschoaßl ißt man heiß zur Kletzensauce, das sind weichgekochte Kletzen oder Dörrzwetschken mit Kochsud.
Immer nur in kleinen Portionen fritieren, damit das Fett nicht zu stark abkühlt, sonst saugt sich das Ausgebackene mit Fett voll u. ist dann schwer verdaulich.

Erika Lahnsteiner, Marktfeld 23, 4890 Frankenmarkt

Polsterzipf

(4 Portionen)	
25 dag	*Mehl*
3	*Dotter*
1	*Ei*
6 dag	*Butter*
4 dag	*Zucker*
1 P.	*Vanillezucker*
1 EL	*Rahm*
1 Schuß	*Rum*
1 Prise	*Salz*
	Weißwein
	Fett zum Backen
	Staubzucker
1 P.	*Vanillezucker*

- Dotter, Rahm, Wein, Rum, Salz u. zerlassene Butter versprudeln,
- Mehl u. diese Mischung am Brett zu einem gut gekneteten, festeren Teig verarbeiten (ev. noch etwas Wein zugeben),
- 10 Min. kühl rasten lassen.
- Teig messerrückendick auswalken, ca. 8 cm große Vierecke ausschneiden,
- einen Tupfer Ribiselmarmelade in die Mitte des Vierecks geben,
- Rand mit einem versprudelten Ei bestreichen u. fest zusammendrücken (auf ein Dreieck zusammenschlagen).
- In heißem Fett von beiden Seiten goldgelb backen,
- noch heiß mit einem Gemisch aus Staubzucker u. Vanillezucker bestreuen.

Annemarie Redl, Neuhof 3, 4331 Naarn

Bad Haller Lebzelteromelettes

(4 Portionen)

1/8 l	*Milch*
etwas	*Salz*
	Vanille
wenig	*Muskatnuß*
	Zimt
2 TL	*geriebene, geröstete Haselnüsse*
2 EL	*Mehl*
2	*Eier*
3 dag	*Rosinen*
1/2 Glas	*Preiselbeermarmelade zum Füllen*
	Zucker zum Bestreuen

- Alle Zutaten, außer Rosinen, gut verrühren,
- Butter in einer Pfanne goldbraun werden lassen,
- Teig eingießen u. Rosinen dazugeben,
- bei leichter Hitze zugedeckt backen, umdrehen u. dann fertigbacken.
- Mit Preiselbeeren füllen u. anzuckern.

Anmerkung: Dieses Gericht hat in Steyr bei einem Wettbewerb den 3. Platz erreicht.

Anna Pürstinger, 4540 Bad Hall

Haibacher Rahmkoch

(4 Portionen)

1/4 l	*Rahm*
3 EL	*Staubzucker*
4	*Dotter*
2 EL	*griffiges Mehl*
1 P.	*Vanillezucker*
	Salz
	Schnee von 4 Klar
3 EL	*Kristallzucker*
	Butter für die Form
	Schokoladesauce zum Übergießen

- Rahm, Staubzucker, Eidotter, Mehl, Vanillezucker u. Salz glattrühren,
- Klar mit Kristallzucker aufschlagen u. mit den übrigen Zutaten vermischen,
- in einer befetteten Auflaufform bei 170° 20 Min. backen.
- Mit Zucker bestreuen u. warm servieren.
- Mit Schokoladesauce übergießen.

Maria Obermüller, Remersdorf 3, 4083 Haibach

Palatschinkenauflauf aus Großmutters Kochbuch

(8 Portionen)

4 Eier

eine Prise Salz

2 EL Öl

glattes Mehl nach Bedarf

Milch nach Bedarf

Öl zum Backen

ca. 150 g Marillenmarmelade

200 g Weichseln

1/2 l Milch

2 Eier

2 Dotter

Staubzucker nach Geschmack

1 P. Vanillezucker

1 kleines Stamperl Maraschino

Butter u. Staubzucker für die Form

Staubzucker zum Bestreuen

Vorbereitung:
- 4 Eier mit einer Prise Salz, Öl u. dem nötigen Mehl (hängt von der Eigröße ab) zu einem sehr zähen Teig verrühren, so viel Milch beifügen, daß ein glatter Teig entsteht.
- rasten lassen,
- danach in gut erhitztem Öl nacheinander ca. 8 Palatschinken backen,
- erkalten lassen,
- Weichseln aus dem Glas nehmen u. abtropfen lassen.
- Pfanne mit Butter ausstreichen u. mit Staubzucker bestreuen,
- Palatschinken mit etwas Marmelade bestreichen,
- mit Weichseln belegen,
- zusammenrollen u. jeweils in 3 Stücke schneiden.
- dachziegelförmig in die Pfanne schlichten,
- Milch mit den Eiern, Dottern, Staubzucker nach Geschmack sowie Vanillezucker u. Maraschino glatt verrühren,
- über die Palatschinken gießen,
- im vorgeheizten Rohr bei 190° ca. 50 Min. lang backen,
- kurz überkühlen,
- mit Staubzucker bestreuen.

Karin Brandstetter, Holzhäuseln 9, 4743 Peterskirchen

Gebackener Grieß

(8 Portionen)
1 l Milch
30 dag Grieß
Salz
2–3 Eier
Fett zum Backen

- Den Grieß in die kochende, gesalzene Milch dick einkochen,
- die Masse ca. 1 1/2–2 cm dick auf ein nasses Blech streichen,
- auskühlen lassen,
- in kleine Stücke schneiden,
- im verrührten Ei drehen,
- im heißen Fett rundum goldgelb backen,
- mit Zucker u. Zimt bestreuen.

Paula Redhammer, Geretsdorferstraße 15,
5270 Mauerkirchen

Zwetschkenpofesen

5 alte Semmeln
2 Eier
1/4 l Milch
20 dag Powidl
Salz
etwas Rum
Fett zum Backen

- Powidl mit Rum vermischen,
- Semmeln so in ca. 1/2 cm dicke Scheiben schneiden, daß immer 2 Schnitten zusammenfallen,
- mit Powidl füllen,
- die Semmelschnitten kurz in Milch tauchen,
- in versprudeltem Ei wenden,
- in heißem Fett goldbraun backen.

Franz Brandmair, Linzer Straße 39,
4800 Attnang-Puchheim

Bauernkrapfen

(10 Portionen)

80 dag glattes Mehl

3 Eier

1 P. Germ

6 dag Zucker

1 P. Vanillezucker

3 dag Butter

ca. 1/2 l Milch

Salz

Zitrone

Rum

Rosinen

- Germteig bereiten, an einem warmen Ort auf die doppelte Menge aufgehen lassen,
- mit einem Löffel Teig ausstechen, auf dem Nudelbrett Kugerln schleifen,
- nochmals aufgehen lassen,
- ausziehen u. in heißem Fett backen.

Rosina Bargfrieden, Anger 21, 4201 Gramastetten

Topfencremetorte

4 Eier

12 dag Zucker

10 dag Mehl

Fülle:

20 dag Topfen

14 dag Zucker

2 Dotter

1 P. Vanillezucker

etwas Salz

Rum

Zitronensaft

4 Bl. Gelatine

1/4 l Schlagobers

- Kaltgerührtes Bisquit zubereiten,
- Torte bei ansteigender Hitze backen,
- nach dem Erkalten einmal durchschneiden, den Tortenboden in eine saubere Tortenform legen,
- dick mit Topfencreme bestreichen,
- die 2. Tortenhälfte in Stücke schneiden, daraufgeben.
- kalt stellen.
Fülle:
- Dotter u. Zucker schaumig rühren,
- Topfen dazugeben,
- mit einer Prise Salz, Rum u. Zitronensaft abschmecken,
- die eingeweichten, aufgelösten Gelatineblätter einrühren,
- wenn die Creme anzieht, das steifgeschlagene Schlagobers einmengen.
- Torte vor dem Servieren anzuckern.

Josefa Brandl, Baumgartenberg 79

Joghurttorte

4 *Dotter*
4 *Klar*
12 dag *Zucker*
1 P. *Vanillezucker*
8 dag *Mehl*
Creme:
1/4 l *Joghurt*
1/4 l *Schlagobers*
6 Bl. *Gelatine*
15 dag *Zucker*
1 P. *Vanillezucker*
Zitrone
Rum nach Geschmack
1 P. *rotes oder weißes Tortengelee*
Früchte zum Belegen (Erdbeeren, Himbeeren, Heidelbeeren oder Ribisel)
Mehl

Bisquit:
- Dotter, 2/3 des Zuckers u. Vanillezucker dickschaumig rühren,
- Schnee zuerst halbfest schlagen, dann den restlichen Zucker beigeben, einschlagen,
- Mehl abwechselnd mit Schnee leicht unter die Dotter heben.
- Masse in befettete, bemehlte Tortenform geben u. im vorgeheizten Rohr bei Mittelhitze 1 Stunde backen.

Joghurtcreme:
- Joghurt, Rum, Zitronensaft u. Vanillezucker vermengen,
- die im kalten Wasser eingeweichte, gut ausgedrückte Gelatine in schwach 6 EL heißem Wasser auflösen u. überkühlt schnell unter die Creme rühren,
- das steife Schlagobers dazurühren u. die Creme in den Kühlschrank geben, bis sie halbfest ist.
- Erkaltete Torte durchschneiden,
- Boden in mit Butterpapier umlegte, saubere Tortenform geben,
- Fülle eingießen, kühl erstarren lassen,
- 2. Tortenhälfte in Stücke teilen u. auf die Joghurtmasse auflegen.

Anmerkung: Jede Portion ev. mit Schlagoberstupf u. Fruchtstückchen belegen.

Irmgard Hellwagner, Ornetsedt 6, 4752 Riedau

Eierlikörtorte

8 Dotter
8 Klar
1/8 l Wasser
25 dag Zucker
1 P. Vanillezucker
1 EL Rum
1/8 l Öl
26 dag geriebene Nüsse
26 dag Mehl
1/2 P. Backpulver
2 B. Schlagobers
ev. 1 P. Sahnesteif
einige EL Eierlikör

- Dotter mit warmem Wasser, Zucker, Vanillezucker, Zitronenschale u. Rum schaumig rühren,
- 1/8 l temperiertes Öl tropfenweise einschlagen.
- Schnee von 8 Klar mit 5 dag Zucker ausschlagen,
- Nüsse, Mehl u. Backpulver mischen u. abwechselnd mit dem Schnee einmelieren (es soll ein etwas weicherer Teig sein).
- Ca. 1 Stunde bei 170° backen,
- Ausgekühlte Torte mit Schlagobers füllen u. bestreichen,
- Rand mit Schlagoberstupfen bespritzen u. in die Mitte Eierlikör füllen.
- In den Kühlschrank stellen.

Karolina Mahringer, Tiefenbach 16, 4871 Zipf

Saftige Linzertorte

18 dag Zucker
18 dag Mehl
18 geriebene Nüsse (Mandeln)
18 dag Butter
1 Zitronenschale
4 Dotter
Zimt
Gewürznelken
4 dag geriebene Schokolade
1 Prise Backpulver
unpassierte Ribiselmarmelade
1 Klar

- Die Zutaten rasch zu einem Mürbteig kneten,
- 30 Min. rasten lassen
- 2/3 des Teiges in die Tortenform drücken u. dick mit Ribiselmarmelade bestreichen.
- Vom restlichen Teig werden kleine Rollen geformt, die man als Rand u. Gitter über die Marmelade legt,
- das Gitter mit Klar bestreichen u. die Torte dann langsam ca. 45 Min. backen.

Anmerkung: Man kann den restlichen Teig auch mit etwas Milch verdünnen u. mit einem Spritzsack Gitter u. Rand auf die Torte dressieren.

Ulrike Franz, Rudolfstraße 30, 4040 Linz

Rhabarber-Bananentorte

Zutaten
3 Eier
9 dag Zucker
6 dag (Vollkorn-) Mehl
Ribiselgelee oder Marmelade
3–4 Bananen
Rhabarbergelee:
3/4 kg Rhabarber
1/4 l Wasser
22 dag Zucker oder Honig
3 P. Tortengelee
etwas Zitronensaft
ev. Kiwischeiben, Schlagobers

- Klar mit Zucker zu steifem Schnee schlagen,
- Dotter unterrühren, Mehl vorsichtig unterheben,
- in eine befettete u. bemehlte Springform füllen,
- bei 180° ca. 30 Min. backen.

Rhabarbergelee:
- Rhabarber (geschält u. in kurze Stücke geschnitten) mit Wasser u. Zucker (oder Honig) weichdünsten,
- Tortengelee mit etwas Zitronensaft u. Wasser glattrühren u. unter ständigem Rühren ca. 1/2–1 Min. lang in das Rhabarberkompott einkochen,
- etwas überkühlen lassen.
- Den Tortenboden mit Ribiselgelee bestreichen, mit ca. 3–4 in Scheiben geschnittenen Bananen belegen,
- die Springform wieder aufsetzen u. das überkühlte Rhabarbergelee eingießen,
- im Kühlschrank festwerden lassen,
- mit Kiwischeiben o. ä. garnieren, ev. mit Schlagobers verzieren.

Gertraud Fellner, Grub 9, 4901 Ettnang/H.

Karottentorte

Zutaten
5 Eier
20 dag Zucker
20 dag geraspelte Karotten
20 dag geriebene Nüsse
5 dag Mehl
2 EL Rum
1 Msp. Backpulver
ev. Schokoglasur

- Dotter u. Zucker schaumig rühren,
- Rum, Schnee, Nüsse, Karotten u. Mehl vorsichtig unterheben.
- In befetteter, bemehlter Tortenform ca. 1 Stunde bei 170° backen.
- Ev. mit Schokoglasur überziehen.

Berta Grilz, Magetsham 37, 4923 Lohnsburg

Karotten-Kiwi-Torte

25 dag geriebene Karotten
20 dag geriebene Nüsse
15 dag Mehl
5 Eier (trennen)
10 dag Honig
Rum
Zimt
Vanillezucker
Kiwischeiben

- Eigelb mit Honig schaumig rühren,
- Rum, Zimt, Vanillezucker dazugeben, Karotten u. Nüsse einmengen,
- abwechselnd Mehl u. geschlagenes Eiweiß darunterziehen.
- In befetteter Tortenform ca. 45 Min. bei 170° backen,
- auskühlen lassen, mit Kiwischeiben belegen.

Angelika Baumer, Flachberg 41, 4810 Gmunden

Reistorte mit Beerenpüree

60 dag Beeren (Erdbeeren, Himbeeren etc.)
1 EL Honig
2 Tassen brauner Reis
3/4 l Milch
abgeriebene Schale einer Zitrone (ungespritzt)
1/2 TL gemahlene Vanille
7,5 dag brauner Zucker
2 Eier
5 dag Rosinen
5 dag Walnüsse (oder Haselnüsse)
Butter zum Einfetten

- Beeren zerdrücken oder pürieren,
- mit Honig süßen u. kaltstellen,
- Milch mit der abgeriebenen Zitronenschale, der gemahlenen Vanille u. dem Reis kochen, bis die Flüssigkeit verdampft ist, u. auskühlen lassen.
- In diese Masse Zucker, Eier, Rosinen u. Nüsse einrühren,
- eine kleinere Springform mit Butter einfetten, den Reis hineinfüllen u. im vorgewärmten Rohr ca. 25 Min. backen,
- anschließend die Springform lösen, die Reistorte auf eine vorgewärmte Platte stürzen,
- mit einigen ganzen Beeren verzieren, auftragen u. das Beerenpüree dazugeben.

Maria-Therese Scheidleder, Larnhauserweg 1, 4060 Leonding

Grammelkuchen

40 dag Mehl
1 P. Backpulver
30 dag Grammeln
25 dag Zucker
Zimt
Nelken
2 Eier
2 EL Rum
Ribiselmarmelade

- Grammeln durch den Fleischwolf treiben, mit Mehl abbröseln,
- mit den anderen Zutaten gut abkneten,
- Teig auswalken, 2/3 davon auf ein befettetes Blech legen u. mit Ribiselmarmelade bestreichen,
- vom letzten 1/3 messerrückendicke Streifen schneiden u. gitterartig auflegen,
- bei 200° ca. 30 Min. backen.

Maria Mayrhofer-Keresztesi, Hessengasse 2,
4880 St. Georgen/Attergau

Ribiselschnitten

(etwa 6 Schnitten)
7 dag Butter
7 dag Zucker
7 dag geriebene Mandeln
1 Dotter
25 dag frische, abgerebelte Ribisel
5 dag Staubzucker
2 Klar
10 dag Zucker

- Butter, Zucker u. Mandeln abbröseln u. mit Eidotter auf einem Brett zu einem Teig kneten.
- Teig vor dem Verarbeiten 1/2 Stunde kühl rasten lassen.
- Teig auswalken, auf ein befettetes Blech geben u. umlaufend eine fingerdicke Rolle aus Teig als Rand aufdrücken,
- goldgelb backen u. auskühlen lassen.
- Kuchen mit Ribiseln u. Staubzucker gleichmäßig belegen,
- aus 2 Klar u. Zucker eine Windmasse über Dunst schlagen u. über die Ribisel verteilen, nochmals ins Rohr geben u. leicht überbacken.

Leopold Hummelbrunner, Neue Landstraße 27,
4655 Vorchdorf

Apfelbaikerl

50 dag	Mehl
15 dag	Butter
15 dag	Schweineschmalz
1	Ei
1 Prise	Salz
etwas	Rahm
1 kg	Äpfel
	Zitronensaft
	Zimt
10 dag	Kristallzucker
	Ei zum Bestreichen

- Aus den Zutaten einen Mürbteig bereiten u. kühl rasten lassen,
- Äpfel blättrig schneiden, mit Zitronensaft, Zimt u. Kristallzucker vermengen,
- den Teig stückeweise zu einem rechteckigen Fleck von ca. 20 cm Länge u. 12 cm Breite auswalken,
- Apfelfülle in die Mitte geben u. den Teig der Länge nach über die Fülle schlagen,
- mit versprudeltem Ei bestreichen u. auf einem leicht befetteten Blech bei ca. 200° goldbraun backen.

Maria Schwarz, Höretzberg 8, 4791 Rainbach

Apfel-Nuß-Kuchen

20 dag	Butter oder Margarine
25 dag	Zucker
25 dag	Mehl
5	Eier
10 dag	geriebene Nüsse
10 dag	grob gehackte Schokolade
1 P.	Backpulver
1 P.	Vanillezucker
3	geraspelte Äpfel
1 Prise	Salz

- Butter mit Zucker u. Dottern flaumig rühren,
- Nüsse, Schokolade, Vanillezucker, das mit Backpulver vermischte Mehl u. den steifen Eischnee abwechselnd unterheben,
- zum Schluß die geraspelten Äpfel einmengen,
- in eine befettete, bemehlte Form (Kranzform) füllen,
- bei 180° ca. 45 Min. backen.

Elisabeth Feichtenschlager, Eigelsberg 1, 5251 Höhnhart

Zimtgugelhupf

25 dag Butter
25 dag Zucker
25 dag Mehl
4 Eier
12 dag geriebene Nüsse
12 dag Rosinen
2 EL Rum
1 EL Zimt
1 P. Vanillezucker
3 gestr. TL Backpulver
1 Prise Salz
Zitronenschale
Fett u. Mehl

- Rosinen mit Rum befeuchten u. einige Zeit ziehen lassen,
- Butter flaumig abtreiben, nach u. nach Zucker, Vanillezucker, Eier u. die Zitronenschale unter ständigem Rühren beigeben,
- Mehl mit Zimt u. Backpulver vermischen u. löffelweise einmengen,
- zum Schluß die geriebenen Nüsse u. die befeuchteten Rosinen unter die Masse heben,
- in eine gut befettete, bemehlte Gugelhupfform füllen u. auf der untersten Schiene des Backrohres bei 175 ° ca. 1 1/4 Stunden backen.

Eva Pernegger, Otto-Glöckel-Straße 7/7, 4400 Steyr

Zucchinikuchen

3 ganze Eier
1 Tasse Öl
2 Tassen Zucker
1 Tasse geriebene Nüsse
3 Tassen Mehl
1 P. Backpulver
1 P. Vanillezucker
1 TL Zimt
2 Tassen geraspelte Zucchini

- Eier, Zucker, Vanille schaumig rühren,
- Öl langsam einrühren.
  Nüsse, mit Backpulver vermischtes Mehl u. Zimt beigeben u. zum Schluß Zucchini leicht unterheben,
- bei ca. 180° ca. 1–1 1/2 Stunden langsam backen.

Rosa Möderl, Ödmühlweg 42, 4040 Linz

Apfelkuchen mit Rahmguß

14 dag	*Margarine*
12 dag	*Staubzucker*
1 P.	*Vanillezucker*
2	*Eier*
1	*Zitronenschale*
30 dag	*glattes Mehl*
1 TL	*Backpulver*
1/8 l	*Milch*
3/4 kg	*Äpfel*
5 dag	*Rosinen*
5 dag	*Zucker*
	Zimt

Überguß:

3	*Eier*
8 dag	*Staubzucker*
1/8 l	*Rahm*
1 P.	*Vanillezucker*

- Margarine, Staubzucker, Vanillezucker, Zitronenschale u. Eier cremig rühren,
- Backpulver mit Mehl versieben, abwechselnd mit der Milch beimengen,
- in eine befettete, bemehlte Bratpfanne füllen, mit blättrig geschnittenen Äpfeln, Rosinen, Zucker u. Zimt belegen,
- bei Mittelhitze 1/2 Stunde backen,
- Rahm, Dotter, Zucker u. Vanillezucker schaumig rühren, Schnee unterheben,
- Den fertigen Rahmguß über den Kuchen streichen u. nochmals etwa 20 Min. backen, bis die Oberfläche goldgelb ist.

Herta Auinger, 4280 Königswiesen 164

Brauner Kirschen- oder Weichselkuchen

14 dag	*Butter*
14 dag	*Zucker*
3	*Dotter*
2	*Eier*
8 dag	*Schokolade*
5 dag	*Biskuit- oder Semmelbrösel*
15 dag	*geriebene Mandeln*
	Schnee von 3 Klar
1/4 kg	*Kirschen*
3 dag	*Zucker*
	Butter u. Mehl für die Form

- Butter flaumig rühren, nach u. nach mit Zucker, Dotter u. Eiern gut abtreiben,
- geriebene Schokolade, Biskuit- oder Semmelbrösel abwechselnd mit dem Schnee u. den geriebenen Mandeln einmengen.
- Die Masse in eine befettete u. bemehlte Tortenform (oder Blech) füllen, mit Kirschen oder Weichseln belegen,
- im Rohr 45 Min. bei 180° backen.
- Den Kuchen mit Zucker bestreuen.

Anmerkung: Auf dem Blech kürzer backen.

Viktoria Enzenhofer, Linzer Straße 41, 4050 Traun

Gerührte Linzerschnitten

35 dag	*Zucker*
35 dag	*Butter*
35 dag	*Mehl*
35 dag	*geriebene Haselnüsse*
3	*ganze Eier*
1/2 P.	*Backpulver*
	abgeriebene Zitronenschale
1 TL	*Zimt*
	Ribiselmarmelade

- Erweichte Butter mit Zucker abrühren, nach u. nach die Eier dazugeben,
- die restlichen Zutaten einmengen u. den Teig einige Stunden rasten lassen.
- 2/3 davon auf ein Backblech streichen, Ribiselmarmelade darauf verteilen,
- aus dem restlichen Teig dünne Röllchen formen u. ein Karogitter machen,
- bei 200° ca. 25 Min. backen.

Anmerkung: Die Marmelade kann man auch mit Rum vermischen.

Elfi Beranek, Hafnerweg 7, 3352 St. Peter in der Au

Glasierte Gewürzschnitten

20 dag	Butter
20 dag	Staubzucker
1 P.	Vanillezucker
5	Eier
	Zitronensaft
1 Prise	Salz
	abgeriebene Schale von 1/2 Orange
1/2 TL	Zimt
1/2 TL	Nelkenpulver
10 dag	Mehl
2 TL	Backpulver
20 dag	geriebene Mandeln
20 dag	geriebene Schokolade
Schokoladeglasur:	
25 dag	Schokolade
20 dag	Butter

- Butter abrühren, Zucker u. Dotter einrühren,
- Geschmackszutaten zugeben,
- das mit Backpulver vermischte Mehl, Mandeln u. Schokolade einmengen,
- Eischnee unterheben,
- ca. 30 Min. bei 180° backen.
- Nach dem Erkalten mit Schokoladeglasur überziehen.

Maria Hauder, Oberlembach 4, 4132 Lembach

112

Schokoschnitten

5	Eier
20 dag	Zucker
1/8 l	Öl
4 EL	Wasser
20 dag	Mehl
1/2 P.	Backpulver
2 EL	Kakao

Creme:

1 P.	Vanillepudding
3/8 l	Milch
1/4 kg	Butter
15 dag	Staubzucker
2–3 EL	Rum

Glasur:

15 dag	Butter oder Margarine
15 dag	Kochschokolade

- Eier, Zucker, Wasser, Öl u. Kakao mit dem Handmixer sehr schaumig schlagen,
- das mit Backpulver versiebte Mehl nach u. nach beifügen,
- die Masse auf ein befettetes, bemehltes Blech streichen u. bei mittlerer Hitze backen.
- Nach dem völligen Auskühlen mit folgender Creme bestreichen:
- Vanillepudding ohne Zugabe von Zucker mit nur 3/8 l Milch zubereiten,
- in die abgerührte Butter oder Margarine zunächst den Staubzucker u. dann löffelweise den überkühlten Pudding einrühren,
- mit Rum kräftig abschmecken.
- Den Blechkuchen gleichmäßig mit der Creme bestreichen u. anschließend in die Tiefkühltruhe stellen, bis die Creme völlig fest geworden ist.
- Margarine oder Butter gemeinsam mit der Schokolade im Wasserbad schmelzen, glattrühren u. den eiskalten Kuchen damit glasieren.

Sieglinde Schmied, Knollgutstraße 43, 4030 Linz

Vollkornbiskuitroulade

5 Eier	
4 EL Honig	
15 dag Weizenvollmehl	
2 EL Erstpreßöl	
1 EL Rum oder Kirschwasser	

Saftmischung:

2 EL Orangensaft
1 EL Honig oder
1 EL Rum
etwas Wasser

Fülle:

20 dag Erdbeeren (oder andere Früchte)
1 EL Honig
1/4 l Schlagobers

- Dotter u. Honig 10 Min. schaumig rühren,
- Öl, Rum oder Kirschwasser einrühren u. das frischgemahlene Mehl unterziehen,
- 1/4 Stunde lang quellen lassen, dann den Schnee vorsichtig unterheben,
- Backblech mit Pergamentpapier auslegen, Teig darauf verteilen,
- in das gut vorgeheizte Backrohr geben u. bei ca. 210° ca. 10 Min. backen.
- Nach dem Backen das Biskuit sofort auf ein befeuchtetes Küchentuch stürzen,
- das Pergamentpapier mit kaltem Wasser bestreichen u. abziehen,
- die Biskuitplatte mit dem Tuch einrollen, auskühlen lassen.
- Vor dem Füllen mit einer Saftmischung beträufeln.

Fülle:
- Schlagobers steif schlagen, Erdbeeren u. Honig einrühren,
- die Roulade damit füllen.

Anmerkung: Vollmehl hat eine viel größere Quellfähigkeit als Weißmehl. Deshalb ist bei der Teigbereitung mehr Flüssigkeit erforderlich, u. der Teig benötigt eine mehr oder weniger lange Quellzeit vor dem Backen.

Erika Lahnsteiner, Marktfeld 23, 4890 Frankenmarkt

Vollmehl-Nußroulade

6 Eier	
18 dag Zucker	
12 dag Vollmehl	
6 dag geriebene Nüsse	
Creme:	
1/4 l Schlagobers	
3 EL Preiselbeermarmelade	

- Eier u. Zucker schaumig rühren,
- Mehl u. Nüsse leicht untermengen,
- auf mit Butterpapier belegtem Blech ca. 10 Min. bei 210° backen.
- Nach dem Backen Papier abziehen, einrollen u. erkalten lassen.
- Schlagobers steif schlagen u. Preiselbeermarmelade dazurühren,
- die ausgekühlte Roulade mit dem Preiselbeerobers füllen.

Helga Friesenecker, Dietach 7, 4600 Wels

Durstiger Bauer
(Besoffener Kapuziner, Oberösterreichischer Mostpudding)

21 dag geriebene Nüsse	
1 Rippe Schokolade	
6 Eier	
21 dag Zucker	
7 dag Brösel	
Zitronenschale	
Überguß:	
3/8 l Most	
Zucker nach Geschmack	
Nelken u. Zimtrinde	

- Nüsse u. Schokolade reiben,
- Dotter u. Zucker schaumig rühren,
- Klar zu Schnee schlagen,
- Schokolade u. Nüsse in die Dottermasse mengen,
- Schnee u. Brösel abwechselnd einmengen.
- In befetteter, bemehlter Tortenform ca. 50–60 Min. bei 170° backen.
- Most, Zucker, Nelken u. Zimtrinde aufkochen,
- den ausgekühlten Kuchen damit übergießen.

Brunhilde Lehner, 4201 Eidenberg 2

115

Glasierte Mohnschnitten

18 dag Butter
4 dag Staubzucker
1/2 P. Vanillezucker
6 Eier
14 dag Zucker
18 dag geriebene Haselnüsse
18 dag geriebener Mohn
Marmelade
Eiweißglasur oder Mandelblättchen, gehackte Nüsse oder Pistazien

- Butter mit Zucker schaumig rühren, nach u. nach Dotter beifügen,
- Klar mit Zucker steif schlagen,
- Buttermasse, Mohn u. Nüsse unterheben,
- Masse in eine befettete, bemehlte Rehrückenform füllen u. bei 170° 50 Min. backen.
- Sofort aus der Form stürzen, mit heißer Marmelade bestreichen.
- Mit Mandelblättchen, gehackten Nüssen oder Pistazien bestreuen oder mit Eiweißglasur überziehen.

Maria Schweinschwaller, Tröstlberg 48, 3351 Weisbach

Ameisengugelhupf

25 dag Butter
25 dag Staubzucker
4 Eier
1 P. Vanillezucker
1 P. Backpulver
1/8 l Eierlikör
1 Sackerl Schokoladestreusel
25 dag Mehl

- Butter, Zucker, Dotter flaumig rühren,
- Eierlikör daruntermengen,
- Backpulver, Mehl u. Schokostreusel vermischen u. abwechselnd mit dem steifgeschlagenen Schnee vorsichtig unterheben,
- ca. 1 Stunde bei 170° backen,
- stürzen u. anzuckern.

Maria Mühlegger, Steinerne Wehr 30, 4812 Pinsdorf

Donauwellenkuchen

Rührteig:

6 Eier

25 dag Zucker

25 dag Butter

2 EL Milch

2 EL Kakao

40 dag griffiges Mehl

1 TL Backpulver

1 Glas Sauerkirschen

Puddingcreme:

1 P. Vanillepudding

3/8 l Milch

25 dag Butter

2 EL Zucker

Schokoladeglasur:

25 dag Schokolade

20 dag Butter oder Margarine

- Rührteig zubereiten,
- die Häfte des Teiges auf ein Backblech streichen,
- in die andere Hälfte Kakao u. Milch einrühren u. auf den hellen Teig streichen,
- abgetropfte Sauerkirschen darauf verteilen u. bei 170° ca. 30 Min. backen.
- Kuchen erkalten lassen, Puddingcreme daraufstreichen u. mit Schokoladeglasur überziehen.

Puddingcreme:
- Milch aufkochen,
- mit kalter Milch abgerührtes Puddingpulver einkochen,
- überkühlen,
- Butter mit Zucker flaumig rühren,
- Pudding löffelweise einrühren.

Irmgard Thalhammer, Ritzling 5, 4904 Atzbach

Feiner Rehrücken

30 dag Butter

30 dag Staubzucker

1 P. Vanillezucker

8 Dotter, 8 Klar

10 dag erweichte Schokolade

13 dag Mehl

1/2 P. Backpulver

16 dag geriebene Haselnüsse

- Butter, Zucker, Dotter flaumig rühren,
- Schokolade einrühren,
- mit Backpulver versiebtes Mehl, Haselnüsse u. Schnee darunterheben,
- in einer befetteten, bemehlten Rehrückenform bei 170–180° ca. 1 Stunde backen.

Helene Dorfer, 4975 Suben 70

Eferdinger Erdbeertörtchen

5	*Eiklar*
20 dag	*Staubzucker*
3 dag	*Kakao*
1 TL	*Stärkepulver (Maizena)*
75 dag	*Erdbeeren*
5 dag	*Staubzucker*
2 cl	*Curaçao*
1/4 l	*Schlagobers*

- Eiklar u. Staubzucker zu sehr steifem Schnee schlagen,
- Kakao mit Stärkepulver mischen u. unter die Schneemasse sieben,
- kreisförmige, flache Törtchen mit 8 cm Durchmesser u. 8 spitze Deckel (Rosetten) spritzen.
- Bei 100° 3 Stunden trocknen, die Ofentüre leicht geöffnet lassen,
- die Erdbeeren waschen, trocknen, zuckern u. 1 Stunde im Orangenlikör ziehen lassen.
- Die Törtchen mit Schlagobers bestreichen, Erdbeeren daraufsetzen u. den Deckel aufsetzen.

Elfi Beranek, Hafnerweg 7, 3352 St. Peter in der Au

Mühlviertler Erdäpfelkipferln

50 dag	*Mehl*
25 dag	*gekochte Erdäpfel*
1/4 l	*Milch*
4 dag	*Germ*
5 dag	*Zucker*
5 dag	*Butter*
1	*Ei*
	Salz
	Ei zum Bestreichen
	Marmelade zum Füllen

- Mehl, Salz, Milch u. Dampferl vermengen, abschlagen,
- heiß gepreßte Erdäpfel, Zucker, Ei u. geschmolzene Butter einmengen,
- auf dem Nudelbrett kneten.
- Warm gehen lassen,
- Teig ausrollen,
- Vierecke radeln,
- mit Marmelade füllen,
- Kipferln formen, mit Ei bestreichen,
- ca. 20–30 Min. bei 200° backen.

Anmerkung: Die Kipferln können auch ohne Zucker zubereitet u. mit Schinken oder Fleisch gefüllt werden.

Ing. Franz Herber, Manzenreith 60, 4240 Freistadt

Topfengolatschen

40 dag	Mehl
2 dag	Germ
3 dag	Zucker
1/8 l	Milch
2	Dotter
	Salz
8 dag	Butter
5 dag	Mehl zum Bestreuen des Brettes

Topfenfülle:

5 dag	Butter
1	Dotter
7 dag	Zucker
	Klar von 1 Ei
35 dag	Topfen
3 dag	Weinbeeren
	Butter für das Blech
	Klar zum Bestreichen
3 dag	Mandeln oder Nüsse zum Bestreuen

- Germteig zubereiten, gut abschlagen u. aufgehen lassen,
- den Teig auswalken,
- viereckige Stücke schneiden,
- Topfenfülle daraufgeben, die Ecken übereinanderschlagen,
- auf ein befettetes Blech legen u. nochmals aufgehen lassen,
- mit Klar bestreichen, mit gehackten Nüssen bestreuen u. backen.

Topfenfülle:
- Zum Butterabtrieb Zucker, Dotter, passierten Topfen u. Rosinen rühren u. den Schnee vom Klar unterheben.

Anmerkung:
- Man kann bei diesem Rezept den Teig auch fingerdick auswalken,
- mit einem Krapfenausstecher runde Formen ausstechen u. diese in der Mitte fest eindrücken, damit ein rundes Grübchen entsteht.
- Nun die eingedrückten Krapfen aufgehen lassen u. in die Vertiefung Topfenfülle geben,
- mit Klar bestreichen u. im Rohr backen.

Anna Treml, Ahorn 9, 4184 Helfenberg

Pfirsiche im Nest

25 dag Margarine
25 dag glattes Mehl
25 dag magerer Topfen
Salz
Fülle:
50 dag Pfirsichhälften
10 dag Marillenmarmelade
5 dag geriebene Haselnüsse
Ei zum Bestreichen

- Margarine in das Mehl schneiden, abbröseln,
- Topfen u. Salz rasch einarbeiten,
- kühl rasten lassen (30–60 Min.),
- Teig ausrollen, Quadrate radeln (Kartonstreifen),
- abgetropfte Pfirsichhälften mit Marmelade u. Nüssen füllen,
- diese mit der Wölbung nach oben auf das Quadrat setzen u. den überstehenden Teig nach oben drücken,
- Teigstreifen kreuzweise darauflegen,
- auf das Blech setzen u. mit Ei bestreichen,
- im Rohr bei 220° backen.

M. Wolkerstorfer, Allensdorf 9, 4174 Niederwaldkirchen

Kokoskuppeln – „Spitze"

3 Klar
18 dag Staubzucker
22 dag geröstetes Kokosette
Creme:
12 dag Butter
10 dag Staubzucker
1 Ei
1 P. Vanillezucker
5 dag geriebene Nüsse
1 Rippe erweichte Schokolade
Oblaten
Schokoladeglasur (vgl. Rezept S. 113)

- Klar u. Zucker über Dunst schlagen,
- Kokosette einmengen,
- Masse durch eine Ischler-Form aufs Blech spritzen,
- bei 150° hellbraun backen,
- Zutaten für die Creme schaumig rühren,
- Oblaten rund ausstechen (gleiche Form), Creme daraufstreichen, Kokoskuppel daraufsetzen,
- den unteren Teil in Schokolade tauchen.

Monika Lacher, Steinerne Wehr 30, 4812 Pinsdorf

Mostkeks

20 dag Mehl
20 dag Butter
3 1/2 EL Most
Marmelade

- Mehl mit Butter verbröseln u. mit Most zu einem Teig verkneten,
- diesen zugedeckt kühl rasten lassen,
- messerrückendick ausrollen u. runde Keks ausstechen,
- in die Mitte ein Löfferl Marmelade setzen u. die Scheibe zusammenschlagen,
- den Rand festdrücken.
- Bei Mittelhitze goldgelb backen u. heiß sofort in Staubzucker wälzen.

Johanna Schwarzlmüller, Grünbrunn 1,
4491 Niederneukirchen

Brabanterkrapferln

18 dag Mehl
1 TL Backpulver
1 Dotter
1 TL Zimt
18 dag Fett
7 dag Staubzucker
1 P. Vanillezucker
Schokoladeglasur (vgl. Rezept S. 113)
halbe Walnüsse zum Verzieren
Marmelade

- Alles zu einem Teig verarbeiten,
- bis zu 1 cm dick auswalken u. Scheiben ausstechen,
- backen.
- Ausgekühlt mit Marmelade füllen u. zusammenkleben,
- mit Schokoglasur u. Walnüssen verzieren.

Johanna Resch, Lerchenweg 8, 4150 Rohrbach

Linzer Brezeln

21 dag	*Mehl*
14 dag	*Butter*
14 dag	*Staubzucker*
14 dag	*mit der Schale geriebene Mandeln*
je 1	*Moccalöffel Zimt u. Gewürznelken*
	Ei zum Bestreichen
	Grobkristallzucker zum Bestreuen

- Die Zutaten auf dem Nudelbrett zu einem feinen Teig abarbeiten,
- 1/2 Stunde rasten lassen.
- Aus diesem Teig kleine Brezel formen,
- mit Ei bestreichen,
- mit Grobkristallzucker bestreuen,
- auf befettetem Blech nicht zu heiß backen.

Michaela Kaltenbrunner, Brunnenweg 1, 4522 Sierning

Zimtsterne

40 dag	*Zucker*
4	*Klar*
1 dag	*Zimt*
etwas	*Backpulver*
1/2	*Zitrone (Saft u. Schale)*
30 dag	*geriebene Mandeln*

- Zucker u. Klar sehr schaumig rühren,
- 4 EL davon weggeben,
- In die übrige Menge Geschmackszutaten u. Mandeln einmengen,
- auf bezuckertem Brett ausrollen,
- Sterne ausstechen.
- Auf ein mit Backpapier belegtes Blech legen u. mit dem Zuckerschnee bestreichen,
- bei ca. 130° backen (mehr trocknen als backen).

Anmerkung: Dieses Rezept habe ich in einem alten Kochbuch meiner Mutter entdeckt. Das Original hat meine Urgroßmutter, Frau Maria Mayr, Wirtin in Ampflwang, auf ein Stück Pergamentpapier geschrieben. Die Zimtsterne, die ich zu Weihnachten versuchte, sind recht gut gelungen.

Isolde Kölblinger, Carlonestraße 5, 4840 Vöcklabruck

Jausen

Wieder steht ein mehrdeutiges Wort am Beginn eines Kapitels. Unter der Jause versteht man vielfach ein kalt zubereitetes Abendessen. Eine Jause ist aber auch eine Zwischenmahlzeit am Vormittag oder am Nachmittag. Am Vormittag nennt man die Jause auch „Gabelfrühstück".

Wie immer man die Jausen einteilt, Brot und Gebäck gehören dazu. Österreich ist in der Vielfalt des Gebäckes Weltspitze. An die 50 Sorten Gebäck werden in großen Bäckereien täglich hergestellt. Unser Lieblingsgebäck ist sicher die Semmel, liebevoll „Semmerl" genannt. In unserem westlichen Nachbarland sagt man dazu „Brötchen". Knusprig muß es auf jeden Fall sein, so ein Semmerl, und aus feinem Weizenmehl hergestellt.

Wie alles, kann man auch die Semmerln einteilen, und zwar in die Kaisersemmel und die Langsemmel. Ob die Kaisersemmel so heißt, weil sie der Kaiser mit Vorliebe zum Frühstück verzehrte oder weil ihre Form an eine Krone erinnert oder weil sie schlicht und einfach für die Krone des Gebäcks gehalten wird, kann nicht entschieden werden. Die Langsemmel, die aus zwei gleichgroßen Teilen und einem Einschnitt in der Mitte gebildet wird, ist bei uns kaum mehr üblich. Diese Form ist aber ohne Zweifel mit vielen Varianten des Brauchtumsgebäcks verwandt. Es wär' nicht Österreich, wenn's nicht besonders vornehme Semmerln gäbe. Sie heißen „Handsemmerln", sind aus noch hellerem Mehl und mit Milch statt Wasser hergestellt. Das macht sie auch teurer als die gewöhnlichen Maschinsemmerln.

Flesserln, Weckerln und Stangerln sind eine wahre Köstlichkeit unserer Bäcker. Sie sind entweder mit Salz oder mit Mohn oder mit beidem bestreut und werden aus dem gleichen Teig wie die Semmerln gebacken. Die verschiedenen Namen leiten sich von den unterschiedlichen Formen ab.

Ein Stangerl ist noch leicht erklärt, ein Weckerl ist ein kleiner Wecken. Für das Flesserl wird der Teig kunstvoll geflochten. In einem ordentlichen Brotkörberl findet man aber noch viele weitere Gebäcksorten, etwa das halbweiße Bosniakerl, das Schusterlaiberl und das Wachauer.

Das Bosniakerl ist ein Weckerl, das dunkler ist als ein Weißmehlweckerl. Das Schusterlaiberl ist rund und oben aufgerissen. Es schaut ein bißchen aus wie eine mißratene Semmel. Daher heißt sie auch Schusterlaiberl. Denn „Schuster" hat man früher einmal nicht nur zu den Schuhmachern gesagt, sondern auch zu Menschen, die etwas nicht ganz richtig gemacht haben. Wachauer schließlich sind nicht nur Menschen, die in der schönen Wachau leben, sondern auch halbweiße Weckerln, deren Teig mit Vollkorn oder verschiedenen Kernen gemischt ist.

Reichhaltig wie das Gebäckangebot ist auch die Vielfalt der Schwarzbrotsorten. Wer auch nur einmal im Süden Urlaub gemacht hat und von der dortigen Küche durchaus begeistert war, wird sich gewiß an die Sehnsucht nach einem Stück Schwarzbrot beim Nachhausekommen erinnern.

Das steigende Gesundheitsbewußtsein der letzten Jahre hat uns eine erfreuliche Neuerung in der Küche beschert. Das Angebot an Vollkorngebäck und Vollkornbrot war noch nie so groß wie heute.

Wie Sie das alles auch selbst zubereiten können, finden Sie nebst Anleitungen zur Herstellung dessen, was zur Jause gehört, auf den folgenden Seiten.

Erdäpfelbrot

1 kg	*Weizenmehl*
	Salz
1 P.	*Germ*
3–4	*gekochte Erdäpfel*
1/4 l	*Wasser*

- Mehl mit Salz, den feingeriebenen Erdäpfeln, dem Dampfl u. dem Wasser (nach Bedarf) zu einem Brotteig kneten,
- 1/2 Stunde rasten lassen,
- nochmals durchkneten u. formen,
- bei 175–200° 1 Stunde backen.

Roswitha Nagele, Lustenauerstraße 13, 4020 Linz

Topfengewürzbrot

45 dag	*Weizenvollmehl*
20 dag	*Roggenvollmehl*
1/8 l	*Wasser*
6 dag	*Germ*
1/4 l	*Wasser*
1 EL	*Salz*
25 dag	*Magertopfen*
1 EL	*Koriander*
1 TL	*Kümmel*
1 TL	*Fenchel*

- Das feingemahlene Mehl in eine Schüssel geben,
- eine Vertiefung machen u. darin den in Wasser aufgelösten Germ mit etwas Mehl zu einem Dampferl anrühren,
- ca. 15 Min. gehen lassen,
- Salz in 1/4 l Wasser auflösen,
- mit Gewürzen u. Topfen zum Vorteig geben u. gut kneten,
- 30–40 Min. gehen lassen,
- den Teig nochmals durchkneten,
- in eine befettete u. bemehlte Kastenform geben,
- mit einem Tuch abdecken u. nochmals ca. 15 Min. gehen lassen,
- Brot mit einer Gabel anstechen, mit lauwarmem Wasser bepinseln,
- auf der untersten Schiene im Backrohr bei ca. 190° 1 Stunde backen,
- noch 20 Min. in der Restwärme des Backrohres lassen,
- das Brot auf einem Gitter auskühlen lassen.

Anmerkung: Während des Backens ein flaches Gefäß mit Wasser in den Backofen stellen.

Erika Lahnsteiner, Marktfeld 23, 4890 Frankenmarkt

Hausbrot

1 1/2 kg Roggenmehl
20 dag Weizenmehl
4 dag Salz
je 1/2 EL Kümmel
Anis
Fenchel
ev. Koriander
1 P. Germ
1/2 TL Zucker
alle Zutaten Zimmertemperatur

Dampferl:
- Germ in ein Schüsserl einbröckeln,
- mit Zucker, 2 EL Mehl u. lauwarmem Wasser zu einem dicken Brei verrühren,
- Mehl daraufstreuen u. zugedeckt gehen lassen.

Teig:
- Mehl u. Gewürze mischen,
- eine Grube machen u. das Dampfl hineingeben,
- mit ca. 3/4–1 l lauwarmem Wasser einen Teig kneten (nicht zu weich),
- einen Laib oder Striezen formen,
- in ein mit einem Tuch ausgelegtes Körberl legen,
- zudecken u. gehen lassen (ca. 1 1/2 Stunden).
- Rohr auf 250° vorheizen (Backblech bereits einschieben).
- Ist die Temperatur erreicht, das Brot auf das heiße Blech stürzen,
- auf der untersten Schiene ca. 10–15 Min. backen.
- Hat das Brot eine schöne Farbe, auf 175 ° zurückschalten,
- das Brot mit einem Pinsel oder einer Bürste heiß waschen (dies in Abständen 1–2mal wiederholen,
- alles in allem 1 1/2 Stunden backen.

Sauerteig:
- Vom Teig ca. 10–15 dag weggeben u. extra gehenlassen.
- Dann in einem Plastiksackerl im Kühlschrank aufbewahren. Beim nächsten Brotbacken mit dem Germ auflösen.

Karolina Mairinger, Tiefenbach, 4841 Zipf

Brot und Gebäck

Butterstöre

1 1/2 kg glattes Mehl
1 P. Germ
250 dag zerlassene Butter
1 Prise Salz
1 Dotter
etwas Safran
1 l Milch

- Aus den Zutaten einen Germteig bereiten,
- gehen lassen,
- einen Laib formen u. wieder gehen lassen,
- mit etwas Butter bestreichen, dann anstechen,
- ca. 1 Stunde bei 200° im vorgeheizten Rohr backen.

Gertrude Terdan, 4552 Wartberg/Krems 102

Roggen-Bier-Weckerln

1/2 kg Roggenmehl
1 EL Salz
1 EL Kümmel
1 EL Fenchel
1 P. Backpulver
1 Fl. Bier

- Die trockenen Zutaten vermischen,
- 1 Fl. kaltes Bier einarbeiten (ohne Mixer),
- mit dem EL kleine Häuferln auf das befettete Backblech legen,
- ca. 20 Min. bei 200° im Heißluftofen backen.

Cornelia Feilmayr, Gabésstraße 39, 4030 Linz

Buttermilchweckerln

25 dag	*Weizenmehl*
25 dag	*Vollkornmehl*
1/2 l	*Buttermilch*
1 P.	*Trockengerm*
1 TL	*Salz*
1 TL	*Brotgewürz*

Zum Bestreuen:

Sesam, Mohn oder grobes Salz

- Alle Zutaten zusammenmengen u. den Teig rasten lassen,
- Gebäck formen, mit Sesam, Mohn oder grobem Salz bestreuen,
- nochmals 1 Stunde bei offenem Backrohr gehen lassen,
- während des Backens (25 Min. bei 200°) ein Gefäß mit Wasser dazustellen.

Roswitha Nagele, Lustenauerstraße 13, 4020 Linz

Salzstangerln

50 dag	*Weizenmehl*
	Salz
etwas	*gemahlener Kümmel*
1/4 l	*Milch*
	lauwarmes Wasser
1 P.	*Germ*
1	*Ei zum Bestreichen*

Kümmel, Sesam oder Mohn zum Bestreuen.

- Ein Dampferl bereiten u. gehen lassen,
- Teig kreisrund auswalken, in Segmente teilen,
- von der breiten Seite aufrollen u. mit der linken Hand die Spitze ziehen,
- mit verquirltem Ei bestreichen u. mit Kümmel, Sesam, oder Mohn bestreuen,
- gehen lassen,
- bei 200° 20–25 Min. backen (mittlere Schiene).

Anmerkung: Blech befetten oder mit Backtrennpapier auslegen.

Karolina Mairinger, Tiefenbach 10, 4871 Zipf

128

Kalte Jausen

Brotzelten

Brotteig:
1/2 kg Mehl (1/2 Roggen u. 1/2 Weizenmehl)
Salz
Brotgewürz
1 P. Trockengerm
ca. 1/4 l Wasser
5 dag Butter
ev. zerdrückter Knoblauch
Mehl für das Blech

- Brotteig zubereiten u. so viel lauwarmes Wasser zugeben, daß ein nicht zu fester Teig entsteht,
- aus diesem Teig Stücke entnehmen u. diese in messerrückendicke u. tellergroße Zelten auswalken,
- auf einem bemehlten Blech im vorgeheizten Backrohr bei 200° backen, bis sie schön braun u. knusprig sind.
- Die Zelten auf einer Seite mit zerlassener Butter (nach Belieben mit zerdrücktem Knoblauch) gut bestreichen.

Erdäpfelkas

1 kg sehr mehlige Erdäpfel
ca. 1/4 l Milch
1 Zwiebel
1/4 l Schlagobers oder Rahm
Salz, Pfeffer

- Erdäpfel kochen u. heiß pressen oder pürieren,
- feinst gehackte Zwiebel, Milch u. Salz dazugeben u. gut durchmischen,
- zum Schluß Schlagobers dazugeben u. gut anpfeffern.
- Am besten noch warm ganz dick auf Schwarzbrot streichen.

Frieda Reichinger, Matzelsberg 9, 4942 Weng

Erdäpfelkas

1 kg	*Erdäpfel*
ca. 1/4 l	*Rahm*
1	*Zwiebel*
	Salz
	Knoblauch

- Gekochte Erdäpfel passieren,
- den Rahm einrühren,
- Zwiebel fein hacken u. daruntermischen,
- mit Salz abschmecken,
- ev. etwas Knoblauch dazumischen.

Herta Wührer, Niederholzham 49, 4690 Schwanenstadt

Deftiger Jausenaufstrich

1/4 kg	*Topfen*
1/8 l	*Rahm*
5 dag	*mageres, kleinwürfelig geschnittenes Selchfleisch*
2	*Essiggurkerln*
1/2	*grüner Paprika*
1	*hartgekochtes Ei*
1–2	*Radieschen*
1 EL	*Schnittlauch*
1EL	*feingehackte Zwiebel*
	Salz, Pfeffer
etwas	*Senf*

- Topfen u. Rahm glattrühren,
- die übrigen Zutaten kleinwürfelig schneiden,
- mit Gewürzen unterrühren u. abschmecken.

Christine Denk, Dietrichshofen 38,
4774 St. Marienkirchen

Sacherkäse

1/4 kg	*Topfen*
2	*gekochte Eier*
6	*Sardellenringerln*
6 dag	*Butter*
1 dag	*Zwiebel*
1 TL	*Senf*
1 TL	*Öl*
1 Prise	*Paprika*
1 Prise	*Salz*

Garnitur:

Petersilie, gekochtes Ei,
Essiggurkerln,
grüner Paprika

- Topfen, Dotter der hartgekochten Eier, 3 Sardellenringerln, Butter, gehackte Zwiebeln mit dem Mixstab fein mixen,
- mit Öl, Senf u. Paprika vermischen,
- portionsweise auf Tellern anrichten,
- mit Petersilie, Sardellenstreifen, gekochten Eiern, Essiggurkerln u. grünen Paprikastreifen verzieren.

Wilhelmine Dorfmayr, Wimhölzlstraße 24, 4020 Linz

Sardinenaufstrich

2 Dosen	*Sardinen*
1 EL	*Butter*
2	*hartgekochte Eier*
1	*Zwiebel*
1/2–1 EL	*Zitronensaft*
	Salz, Pfeffer, Paprika

- Sardinen abtropfen, entgräten,
- Eier u. Zwiebel grob hacken,
- alles mit dem Pürierstab mixen u. abschmecken.

Roswitha Nagele, Lustenauerstraße 13, 4020 Linz

Fischaufstrich

1/4 kg Topfen
1 Dose Sardinen
2 Sardellenringerln
etwas Kaffeeobers
Salz
1 Essiggurkerl
geschnittener Schnittlauch
Garnitur:
2 Essiggurkerln

- Abgetropfte, entgrätete Sardinen, Topfen, Sardellen, Kaffeeobers u. Salz mit dem Mixstab gut mixen,
- gehacktes Essiggurkerl u. geschnittenen Schnittlauch dazumischen,
- im Kühlschrank durchziehen lassen,
- mit Gurkenstreifen garnieren.

Wilhelmine Dorfmayr, Wimhölzlstraße 24, 4020 Linz

Uriger Brotaufstrich

1/4 kg Grammelschmalz
1/2 kg kleinwürfelig geschnittene Hühnerleber
2–3 Knoblauchzehen
Salz, Pfeffer

- Grammelschmalz erhitzen, Hühnerleber zugeben,
- langsam backen, mit Knoblauch würzen u. erkalten lassen,
- salzen u. pfeffern.

Helene Dorfer, 4957 Suben 70

Kochkäse

1 kg	Topfen
1	Ei
3 EL	Fett
	Salz, Kümmel
etwas	Muskatnuß
	Pfeffer

- Topfen über Nacht gut auspressen (in ein Leinensäckchen geben u. beschweren),
- trockenen Topfen in einer Schüssel einige Tage an einen warmen Platz stellen (bis er sauer ist) u. mehrmals durchkneten,
- Fett in einer Pfanne erhitzen,
- Topfen dazugeben u. fest umrühren, bis er dickflüssig zerkocht ist,
- Ei, Salz, Muskatnuß u. Kümmel dazufügen,
- in einen Teller schütten u. mit Pfeffer bestreuen.

Maria Haneder, Oberlembach 4, 4132 Lembach

Käse-Obstsalat

2	Äpfel
2	Orangen
4 Scheiben	Ananas
20 dag	Schnittkäse
1 Tasse	Joghurtmayonnaise
1 TL	scharfer Senf
	Zitronensaft
	Pfeffer
	grüner Salat

- Obst u. Käse in kleine Würfel oder Streifen schneiden,
- Mayonnaise mit Pfeffer, Zitronensaft u. Senf sehr würzig abschmecken,
- unter die Käse-Obstmischung ziehen u. im Kühlschrank 1 Stunde stehen lassen,
- auf grünem Salat anrichten.

Maria Haneder, Oberlembach 4, 4132 Lembach

Käsekugeln

25 dag	Gervais (Doppelrahm-frischkäse)
5 dag	Butter
1	kleine Zwiebel
1	kleiner grüner Paprika
	Salz, Pfeffer
2 Scheiben	geriebener Pumpernickel
	sehr fein gehackte Petersilie

* Butter schaumig rühren,
* Gervais, sehr fein gehackte Zwiebel, Paprika u. Gewürze untermengen,
* aus der Käsemasse Kugeln formen,
* die Hälfte der Kugeln in Petersilie, die andere Hälfte in Pumpernickel wälzen.

Annegret Remtisch, Ramingdorf 72, 4431 Haidershofen

Käse-Mousse

1/4 kg	Magertopfen
1/4 kg	Gervais
1/4 l	Rahm
	Salz, Pfeffer
3 Zehen	Knoblauch
6 Bl.	Gelatine
	Petersilie zum Bestreuen

* Topfen, Gervais, Rahm u. Gewürze verrühren,
* die im kalten Wasser eingeweichten, gut ausgedrückten, über Wasserdampf geschmolzenen Gelatineblätter dazugeben,
* die Masse in eine mit Klarsichtfolie ausgelegte, gefällige Form füllen,
* im Kühlschrank mehrere Stunden fest werden lassen,
* vor dem Servieren die Mousse aus der Form stürzen, Klarsichtfolie abziehen,
* Käse mit fein gehackter Petersilie rundum bestreuen,
* in Scheiben schneiden u. auf gekühlten Tellern anrichten.

Anmerkung: Als Beilage Salat u. im Rohr erwärmtes Weißbrot servieren.

Annegret Remtisch, Ramingdorf 72, 4431 Haidershofen

Geflügel-Gelatine

1 Huhn
Grundfarce:
20 dag Kalbfleisch
20 dag Hühnerfleisch
20 dag Speck
0,10 l Schlagobers
2 cl Cognac
Salz
Pastetengewürz
Einlagen:
5 dag ausgelöste Pistazien
10 dag kleinwürfelig geschnittene Selchzungenspitzen (Trüffel!)
Béchamel:
1/4 l Milch
4 dag Fett
Salz
Muskat
3 Dotter

Zubereitung Béchamel (feine Bindung für Grundfarce):
- Milch mit Fett, Salz u. Muskat aufkochen,
- Mehl dazugeben u. einkochen,
- wenn sich die Masse vom Geschirr löst, vom Feuer nehmen u. sofort Dotter einrühren.

Grundfarce:
- Kalbfleisch mit Speck einige Male durch den Fleischwolf drehen, sodaß die Masse sehr fein wird,
- Béchamel, Schlagobers, Cognac, Salz u. Pastetengewürz daruntermischen,
- die Einlagen vorsichtig darunterheben.

Zubereitung:
- Geputztes Huhn unzerteilt vollständig von den Knochen befreien u. mit der Hautseite nach unten rechteckig auf ein Tuch legen (das Fleisch gleichmäßig verteilen!),
- die Farce gleichmäßig daraufgeben u. zusammenrollen,
- in ein Tuch gut einwickeln u. in einer kräftigen Geflügelsuppe ca. 60 Min. kochen,
- im Tuch auskühlen lassen,
- in Scheiben schneiden,
- mit Preiselbeersauce anrichten.

Monika Hanl, Hauptstraße 39, 4222 Langenstein

Salzstangerln gebacken

5	*Salzstangerln*
20 dag	*Wurstreste*
20 dag	*Käse (Gouda)*
1	*Zwiebel*
1/2	*großer Paprika*
	Schnittlauch
	Pizzagewürz
	Salz, Pfeffer
1/4 l	*Schlagobers*

- Salzstangerln halbieren,
- alle Zutaten klein schneiden, würzen u. gut durchmischen,
- geschlagenes Schlagobers daruntermischen,
- auf die Salzstangerln streichen,
- im Rohr 20 Min. bei 200° überbacken.

Anmerkung: Dieses Gericht kann auch ohne Wurst – nur mit Käse – zubereitet werden.

Marianne Spießberger, Mattigstraße 86, 5280 Braunau

Kräuterlaiberln

3 dag	*Germ*
30 dag	*Buttermilch*
1 TL	*Zucker*
2 TL	*Salz*
20 dag	*Weizenmehl*
30 dag	*Roggenmehl*
1	*Ei*
5 dag	*weiche Butter*
	(Schmalz)
2 TL	*Kümmel*
1 TL	*Anis*
	Wasser zum Bestreichen
	Kümmel zum Bestreuen

- Zerbröselte Germ in warmer Buttermilch auflösen,
- mit den restlichen Zutaten zu einem Germteig verarbeiten,
- gut gehen lassen,
- den Teig zu kleinen Kugeln formen,
- nochmals ca. 15 Min. gehen lassen,
- anschließend ganz flachdrücken u. auf ein befettetes Blech legen,
- die Oberfläche mit Wasser bestreichen,
- Gewürze daraufstreuen,
- nochmals 20 Min. gehen lassen,
- im vorgeheizten Rohr bei 200° ca. 15 Min. backen.

Zwiebelomelette

(1 Portion)
2 Eier
Salz
1 kleine Zwiebel
1 EL Öl

- Eier u. Salz verquirlen,
- die Zwiebel nudelig schneiden u. in Fett glasig anrösten,
- die Eier darübergießen,
- das Omelette so backen, daß es unten schön braun, aber oben noch weich ist,
- zusammenklappen.

Maria Kostak, Waldstraße 9, 4490 St. Flor_an

Pizzatasche

Kalter Teig ohne Germ:
30 dag Mehl
15 dag Margarine
Salz
1/6 l Wasser
Belag:
4 Scheiben Hamburger Selchfleisch
1 Zwiebel
4 Bl. Scheiblettenkäse

- Zutaten mischen u. gut durchkneten,
- in 2 Teilen im Kühlschrank 1–2 Tage rasten lassen (man kann den Teig auch einfrieren),
- jede Teigkugel messerrückendick auswalken,
- die Hälfte mit Hamburger Selchfleisch, Zwiebelringen u. Käse belegen,
- 2. Hälfte darüberschlagen u. seitlich festdrücken,
- mit Milch bestreichen,
- Backblech mit Backtrennpapier auslegen,
- im vorgeheizten Rohr bei 200° 20–30 Min. backen.

Anmerkung: Man kann den Teig auch mit gehobelten Äpfeln belegen – keine Tasche machen:
- 1 Teigkugel ganz dünn auswalken,
- belegen,
- backen w.o. angeführt,
- wenn der Teig Farbe bekommen hat, noch warm in Vierecke schneiden.

Charlotte Neunkirchner, Pechrerstraße 22, 4020 Linz

Würziges Baguette

1	*Baguette*
20 dag	*Schinken*
10 dag	*Emmentaler*
3	*Tomaten*
1	*Paprika*
1	*Essiggurke*
3 EL	*Tomatenketchup*
3 EL	*Rahm*
	geriebener Käse zum Bestreuen

- Schinken, Käse, Tomaten, Paprika u. Gurkerl feinwürfelig schneiden,
- mit Rahm u. Ketchup vermengen,
- diese Masse auf das halbierte u. in Stücke geteilte Baguette streichen,
- mit geriebenem Käse bestreuen,
- im Rohr bei 180–200° überbacken, bis das Brot knusprig u. der Käse weich ist.

Monika Hanl, Hauptstraße 39, 4222 Langenstein

Wasserschnitten

1	*Semmelwecken*
	fester Palatschinkenteig
2	*Zwiebeln*
6 dag	*Margarine*
1/4 l	*Rahm*

- Den Semmelwecken in Schnitten, etwa 2 cm breit, schneiden,
- in den Palatschinkenteig eintauchen u. kurz in kochendes Wasser legen,
- Zwiebeln rösten,
- die Schnitten aus dem Wasser zu den Zwiebeln geben,
- Rahm darübergießen,
- etwas durchziehen lassen.

Anmerkung: Als Beilage Salat oder Kompott.

Meine Schwiegermutter hat dieses Essen in der Nachkriegszeit oft auf den Tisch gebracht. Natürlich war im Teig mehr Mehl als Ei. In der heutigen Zeit kann man für 2 Personen ruhig auch 2 Eier verwenden, falls man nicht gerade mit Cholesterin kämpft.

Emma Emmerstorfer, Salzburger Straße 43, 4600 Wels

Liköre, Schnäpse, Säfte

Wie sehr sich doch Unterschiede in der Lebenshaltung und in der Einstellung zum Essen und Trinken auch in Kleinigkeiten ausdrücken können. In so mancher Gegend in Europa gehört es offensichtlich zum Beweis von Lebensart und Trinkfestigkeit, einen eisgekühlten, klaren Korn ruckartig und in einem Zug in den Hals zu schütten. Wenn möglich, erfolgt dieses Ritual in Verbindung mit Bier. Mit diesem Vorhaben wird man in Österreich einem Schnapserl in keiner Weise gerecht.

Es fängt schon damit an, daß ein ordentliches Schnapserl nicht eisgekühlt getrunken werden soll. Bei allzu kühlen Temperaturen kann sich nämlich das Aroma nicht mehr entfalten. Und ums Aroma und den Geschmack geht's auch beim Schnaps. Deshalb schüttet man ihn nach Möglichkeit nicht in einem Zug in die Kehle, sondern kostet vorsichtig in kleinen Schlucken. Ein Schnaps, der dieses genußvolle Kosten nicht verträgt, sollte nicht serviert werden. Und ein Schnapsbrenner, der sein Handwerk versteht, wird auch das genußvolle Kosten nicht fürchten müssen. Als Schnaps bezeichnet man normalerweise destillierte Obstbranntweine. Die Früchte, die als Basis dienen, werden eingemaischt und dann in zwei Durchläufen gebrannt. Am weitesten verbreitet sind bei uns der Zwetschkenschnaps, der Obstler und der Korn. Eine besondere Kostbarkeit ist der Kirschenschnaps. Für seine Zubereitung braucht man eine besonders große Menge an Obst, sodaß er auch entsprechend teuer ist. Nicht zu vergessen ist der Marillenschnaps, der zwar nicht in Oberösterreich hergestellt wird, aber trotzdem hoch geschätzt ist. Auch reine Apfelschnäpse, köstliche Birnenschnäpse und im Innviertel zum Beispiel der Haferschnaps werden als Raritäten gebrannt und meist nur besonders lieben Freunden serviert.

Gebrannt sind auch die in Stamperln servierten Geiste. Wes Geistes Kind so ein Destillat ist, verrät der Name. Bei dieser Herstellungsart werden Früchte vor der Destillation mit hochprozentigem Alkohol versetzt, um die Geschmacksstoffe auszulaugen. Der Zirbengeist gehört zu diesen Kostbarkeiten ebenso wie Geiste aus verschiedenen Beeren. Wer's süßer will, wird einen Likör wählen, für dessen Herstellung Sie in diesem Kapitel ebenfalls zahlreiche Rezepte finden. Wohl bekomm's!

*Liköre, Schnäpse,
Säfte*

Hollersekt

10 l	Wasser
3/4 kg	Würfelzucker
15	Hollerblüten
1/4 l	Weinessig
2–3	Zitronen

- Würfelzucker, gut gewaschene Hollerblüten, Weinessig, in Scheiben geschnittene Zitronen in sehr kaltem Wasser gut vermischen,
- 3 Tage kühl stehen lassen,
- in helle Flaschen abseihen,
- gut verschlossen einige Wochen kühl lagern.

Karoline Schiffer, Gassnerweg 4, 4820 Bad Ischl

Hollerpunsch

1/2 l	Hollerbeerensaft
1/4 l	schwarzer Tee
1/2	Zimtstange
3	Gewürznelken
1/4 TL	gemahlener Ingwer
2–3 EL	Honig

- Gewürze mit dem Tee stark kochen,
- abseihen u. den Hollersaft dazugeben,
- mit dem Tee erhitzen u. mit Honig süßen,
- möglichst heiß servieren.

Maria-Therese Scheidleder, Larnhauserweg 1,
4060 Leonding

Hollerschnaps

1 kg	Hollerbeeren
1 l	Wasser
1/2 kg	Zucker
1 P.	Vanillezucker
	Nelken
1	Zimtrinde
1	Zitrone
	Schnaps

- Hollerbeeren u. Wasser 30 Min. kochen,
- abseihen u. auskühlen lassen,
- diesen Saft mit Zucker, Vanillezucker, Nelken, Zimtrinde u. dem Zitronensaft wieder 30 Min. kochen,
- auskühlen u. Schnaps je nach Geschmack beifügen.

Angela Langgruber

141

Echter „hausgemachter" Nußlikör

1,5 l Korn oder Zwetschken-branntwein
50 dag grüne Nüsse
1,5 dag Zimt
0,8 dag Gewürznelken
etwas Cardamon
Orangenschalen
37 dag Zucker
3/4 l Wasser

- Für 1,5 l guten Korn oder Zwetschkenbranntwein grüne Nüsse nehmen, die zwischen Johanni (24. Juni) u. Jakobi (25. Juli) gesammelt werden müssen,
- diese Nüsse in schmale Stückerln schneiden,
- in eine große Flasche geben,
- den Branntwein darübergießen,
- 14 Tage an einer sonnigen Stelle stehen lassen,
- durch ein altes, aber peinlich sauberes Tuch (alte Leinwand) seihen u. in eine frische Flasche füllen,
- in diese kommen auf je 1,5 l Branntwein 1,5 dag Zimt u. 0,8 dag Gewürznelken, beides grob zerstoßen,
- auch kann man ein wenig Cardamon u. Orangenschale zusetzen,
- wieder 8 Tage in die Sonne stellen,
- dann aufkochen u. auf je 1,5 l dieses Likörs 37 dag Zucker, der mit 3/4 l Wasser zum Breitlauf gekocht ist, geben,
- nochmals filtrieren.

Anmerkung: Erprobtes, altes Klosterrezept.

Resi Stadler, Traxenbichl 22, 4644 Scharnstein

Nußlikör

10 dag grüne Nüsse
1 l Schnaps
1 kg Zucker
1 l Wasser
Zimtrinde
Nelken
ev. Vanillezucker

- Nüsse zerkleinern,
- mit Schnaps in einem großen Glas ansetzen,
- 6–8 Wochen auf ein sonniges Fensterbrett stellen,
- danach Zucker mit Wasser aufkochen,
- Zimtrinde, Nelken u. Vanillezucker dazugeben,
- den Schaum abschöpfen u. etwas abkühlen lassen,
- das abgeseihte Angesetzte dazugießen,
- in Flaschen füllen u. verschließen.

Anmerkung: Ein süßer Damenlikör, der aber auch harten Männern schmeckt.

Franziska Eder, Eisenbirn 18, 4792 Münzkirchen

Nußschnaps

1 l	Schnaps (Kornschnaps)
10 dag	Kandiszucker
20 dag	Zucker
4 dag	Pfefferminzzuckerln (weiß)
1/2	Muskat
1 dag	Ingwerwurzel
1 dag	Fenchel
1 dag	Anis
1 dag	Sternanis
1 dag	Zimtrinde
1/2 dag	Nelken
6	grüne Nüsse

- Grüne Nüsse schneiden u. mit allen Zutaten um den Jakobitag (25. Juli) ansetzen,
- einige Wochen in die Sonne stellen.

Leopoldine Schrattenecker, Höschmühl 8,
4924 Waldzell Ried/I.

Nußschnaps

3 l	Kornschnaps
6	grüne Nüsse
50 dag	Kandiszucker
1 dag	Gewürzkörner
3 dag	ganze Muskatnüsse
1 dag	Zimtrinde
25	Nelken
1 dag	ganzer Ingwer
10 TL	geschnittene Aranzini
2 dag	Kalmuswurzel
ca. 0,2 l	Cognac/l Nußansatz

- In eine 1-l-Flasche rund 1 1/2 Achtelglas Cognac geben, u. mit Nußschnaps auffüllen.
- In Scheiben geschnittene Nüsse mit Kornschnaps u. Gewürzen um Jakobi ansetzen,
- ca. 3 Wochen in der Sonne gut verschlossen stehen lassen,
- Kandiszucker abkochen u. beimengen,
- den Weinbrand erst nach den 3 Wochen hinzufügen.

Frieda Reichinger, Matzelsberg 9, 4942 Weng

Hollerlikör

2 1/2 l	*gerebelte Hollerbeeren*
1 1/2 l	*Wasser*
1 kg	*Zucker*
3/8 l	*Weingeist*
	Nelken

- Die Beeren in Wasser 2 Stunden kochen,
- durch ein Tuch pressen,
- den Saft mit Zucker 1/2 Stunde kochen,
- auskühlen lassen,
- mit Weingeist vermischen,
- in Flaschen füllen.

Roswitha Nagele, Lustenauerstraße 13, 4020 Linz

Brombeerschnaps

1 kg	*Brombeeren*
20 dag	*Zucker*
1/2 kg	*Kandiszucker*
1 l	*Schnaps*
0,2 l	*Rum*
0,2 l	*Cognac*
0,2 l	*Rotwein*

- Alle Zutaten mischen,
- 6 Wochen in der Sonne stehen lassen,
- abseihen u. in Flaschen füllen.

Angela Langgruber

Gesundheitslikör

1/2 l	*Rotwein*
1/2 kg	*Zucker*
ca. 36	*Kaffeebohnen*
1	*Vanillestangerl*
1/4 l	*Weingeist*
	(oder Rum 60 % bzw. 80 %)

- Alle Zutaten mischen,
- 3–4 Wochen stehen lassen,
- abseihen,
- Weingeist (oder Rum) dazugeben.

Ernestine Nagl, Obereck 39, 5242 St. Johann/Walde

Eingelegtes, Eingekochtes

Wieder einmal sei an den Vorschlag erinnert, neben den Vereinen zum Schutz bedrohter Tier- und Pflanzenarten auch dem Schutz unserer Küchenkultur Aufmerksamkeit zuzuwenden. Marillen und Ribisel sind ebenso gefährdet wie die schon zitierten Erdäpfel und Paradeiser. Auch die Zwetschken sind bedroht, von Pflaumen abgelöst zu werden. Dabei weiß jedes Kind, daß Zwetschken etwas anderes sind als Pflaumen. Sie sind kleiner, fester im Fleisch, haltbarer und werden später reif.

Zwetschken sind ideale Früchte zum Einkochen. Man kann aus ihnen mehr als Knödel oder Slibowitz herstellen; Powidl zum Beispiel, ein Produkt, das einfach zur österreichisch-böhmischen Küche dazugehört, wie schon der vielsagende Name „Powidltatschkerl" ausdrückt. Eine andere Köstlichkeit ist Zwetschkenröster, eine geradezu ideale Ergänzung zu einem etwas trocken geratenen Schmarrn etwa.

Da fällt uns auch gleich der Hollerröster ein. Zu den Zwetschken kommen noch Hollerbeeren dazu. Wer das Wort „Holler" nicht versteht, sei aufgeklärt, daß es sich dabei um Hollunder handelt. Auch die Beeren haben bei uns andere Namen als im Nachbarland. Das gilt nicht nur für den Holler, sondern auch für die Ribisel, die auch bei uns immer öfter Johannisbeere heißt. Mit Johannisbeersaft und Johannisbeermarmelade haben wir uns schon anfreunden müssen, aber was halten sie von Johannisbeerstrudel? Ich finde ihn mit Ribiseln immer noch besser.

Weigern Sie sich übrigens, Aprikosenkonfitüre aufs Buttersemmerl zu streichen. Diese heißt bei uns immer noch Marillenmarmelade. Marillen sind herrliche Früchte des Südens. Sie gedeihen überall dort, wo auch der Wein wächst. Warum sollen wir sie uns nehmen lassen und damit das Marillenkompott, die Marillenknödel oder den Marillenstrudel? Ich kann mir nicht vorstellen, daß ein „Aprikosenkloß" schmeckt.

Nun wird es Zeit, in der Küche Platz zu machen für all die herrlichen Früchte, die Sie nach den folgenden Rezepten einkochen können.

Quittenbrot

75 dag Quitten
50 dag Zucker
etwas Wasser

- Quitten mit Geschirrtuch abreiben,
- waschen u. in Stücke schneiden,
- in etwas Wasser weichkochen,
- durch ein Sieb passieren,
- mit Zucker verrühren u. kochen, bis die Masse zu gelieren beginnt.
- Den Brei ca. 1 cm dick auf ein mit Pergamentpapier ausgelegtes Backblech streichen,
- im Backofen bei max. 50° trocknen lassen, bis sich die Masse gut vom Papier lösen läßt.
- Quittenbrot in kleine Würfel schneiden.

Anmerkung: Trockendauer je nach Saftgehalt der Quitten – kann bis zu 3 Tagen dauern.

Eva Pernegger, Otto-Glöckel-Straße 7/7, 4400 Steyr

Hollergatsch

1 kg verlesene Hollerbeeren
je 1/8 kg kleinwürfelig geschnittene
Äpfel
Birnen
u. geviertelte Pflaumen
3/4 kg Zucker

- Alles zusammen unter stetem Rühren einkochen, bis das Mus in leichten Flocken vom Löffel fällt,
- diese Marmelade heiß in Gläser oder Töpfe füllen, mit Rum bespritzen, luftdicht verschließen u. kühl aufbewahren.

Elfriede Nichterl, Schießstätte 20, 4360 Grein

Mostgelee

3/4 l Most
1 kg Gelierzucker

- Etwa die Hälfte des Gelierzuckers mit dem Most unter Rühren erhitzen,
- sobald die Masse wallend kocht, die 2. Hälfte des Gelierzuckers hinzufügen,
- unter Rühren wieder zum Kochen bringen,
- 2 min. sprudelnd durchkochen lassen.
- Heiß in Gläser füllen u. sofort verschließen.

Henriette Reif, Schweizersberg 100, 4575 Roßleithen

Essigkirschen

50 dag Kirschen
1/8 l Weinessig
25 dag Zucker
2 dag Senfkörner

- Die Kirschen waschen, entstielen u. so entkernen, daß der abtropfende Saft gesammelt wird.
- Diesen Saft zusammen mit dem Weinessig u. dem Zucker verrühren,
- 10 Min. kochen u. erkalten lassen,
- 1 dag Senfkörner im Mörser zerstoßen,
- den Rest ganz mit den Kirschen in einen Steinguttopf geben,
- den kalten Sud über die Früchte gießen,
- den Topf mit feuchtem Cellophan verschließen.
- Kühl lagern.

Anmerkung: Die Essigkirschen sollten mind. 14 Tage „ruhen" – länger ist besser.

Eva Pernegger, Otto-Glöckel-Straße 7/7, 4400 Steyr

147

Beschwipste Weichseln

2 kg	Weichseln
1 kg	Zucker
1 l	Rotwein
1/4 l	Rum
1	Zimtstange

- Weichseln mit Zucker bestreuen, mit Rotwein übergießen u. Zimtstange dazugeben,
- über Nacht stehen lassen.
- Am nächsten Tag Zimtstange herausnehmen; alles langsam erhitzen u. aufkochen lassen,
- Rum zugießen u. sofort in Schraubgläser füllen.

Anmerkung: Schmeckt herrlich zu Eis u. Pudding für Erwachsene.

Eva Pernegger, Otto-Glöckel-Straße 7/7, 4400 Steyr

Rauschige Zwetschken

Dörrzwetschken
Rum
Schokoladeglasur
nach Bedarf

- Dörrzwetschken einige Tage in Rum legen,
- in Schokoladeglasur tauchen u. auf ein Backtrennpapier zum Trocknen legen.

Anmerkung: Ein delikates „Bonbon" – aber nur für Erwachsene!

Maria Bernecker, Holzgassen 9, 5122 Ach/S.

Paradeismark für Pizza

Paradeiser
Basilikum
Majoran
Sellerieblätter
Oregano
Öl
1 P. Einsiedehilfe

- Zutaten 1/2 Stunde kochen,
- passieren u. etwas Öl dazugeben,
- weiterkochen, bis das Mark etwas dicker ist,
- zuletzt 1 P. Einsiedehilfe dazurühren,
- in Flaschen mit weitem Hals u. Drehverschluß füllen.

Gertrude Terdan, 4552 Wartberg 102

Pikanter Knoblauch

1 kg Knoblauch
1/2 l Gewürzessig
1/2 l Wasser
1 EL Senf
1 EL Senfkörner
1 EL Zucker
2 EL Salz
Öl

- Knoblauch schälen,
- Flüssigkeit aufkochen,
- Knoblauch u. die Gewürze 3 Min. kochen,
- noch heiß in Gläser füllen u. gut verschließen.

Rosa Ranseder, Sindhöring 15, 4973 St. Martin

Verzeichnis aller Einsender

Adelsmair Ingrid, Blindenmarkt 32, 4600 Schleißheim, *Gebackene Fleischkrautknödel 57, Brot-Grießknödel 78*

Aigner Elfi, Geinberg 121, 4943 Geinberg*

Alscher Maria, Schlag 24, 4905 Thomasroith, *Bauerngrammelschöberl 68*

Altendorfer Maria, Weberschlag 15, 4141 Pfarrkirchen, *Schnittlauchknödel 77*

Anzengruber Katharina, Mitterbreibach 2, 4906 Eberschwang*

Auinger Herta, 4280 Königswiesen 164, *Apfelkuchen mit Rahmguß 110*

Autengruber Theresia, Brandnerberg 2, 4812 Pinsdorf, *Topfennudeln 95*

Bach Käthe, Anzengruberstraße 2, 4400 Steyr*

Bachmaier Maria, Sachsenberg 31, 4783 Wernstein/Inn, *Grammelknödel mit Zwiebelsauce 58*

Bachtrog Andrea, Wienerstraße 290, 4021 Linz, *Zitronenhendl 32*

Bammer Angelika, Flachberg 41, 4810 Gmunden*

Bargfrieden Rosina, Anger 21, 4201 Gramastetten, *Bauernkrapfen 102*

Bauer Hans, Siedlung 162, 4843 Ampflwang, *Bauernsuppe 15, Knoblauchsuppe 18, Sauerkrautsuppe 22, Biersuppe 23, Hirnsuppe 25, Fischsuppe 25, Dechantensuppe 20*

Baumer Angelika, Flachberg 41, 4810 Gmunden, *Karotten-Kiwi-Torte 106*

Baumgartner Ingrid, Leonfeldnerstraße 82, 4040 Linz, *Krautfleckerln 62*

Bauschmid Katharina, 4755 Zell a. d. Pram 191*

Bellàr-Pfeufer Trude, Hörschingergutstraße 20, 4040 Linz*

Beranek Elfi, Hafnerweg 7, 3352 St. Peter in der Au, *Knoblauch-Karotten-Suppe 17, Paprikahendl (ohne Mehl) 31, Kaninchen in Weinbrandsauce 40, Putenschnitzel in Kräuterbierteig 48, Schweinslungenbraten in Österzolasauce 51, Spinatknödel 68, Gerührte Linzerschnitten 111, Eferdinger Erdbeertörtchen 118*

Bernecker Maria, Holzgassen 9, 5122 Ach/S., *Rauschige Zwetschken 148*

Bichler Gusti, Sickingerstraße 82, 4861 Schörfling*

Bogner Ulrike, Am Anger 5a, 4040 Linz, *Sauerkrautauflauf 59*

Brandl Josefa, Baumgartenberg 79, *Topfencremetorte 102*

Brandmair Ernestine, Linzerstraße 39, 4800 Attnang-Puchheim*

Brandmair Franz, Linzerstraße 39, 4800 Attnang-Puchheim, *Zwetschkenpofesen 101*

Brandstetter Karin, Holzhäuseln 9, 4743 Peterskirchen, *Palatschinkenauflauf aus Großmutters Kochbuch 100*

Brosch Stefanie, 4462 Reichraming 13, Mutzen 94*

Brünner Hilde, Geretsdorf 40, 5274 Burgkirchen*

Buchegger Margarete, Kürnberg 125, 4452 Kleinraming, *Bauernkoteletts 43*

Czepan Sabine, Nißlstraße 30, 4040 Linz, *Kohlauflauf mit Blutwurst 59*

Daxberger Rosa, Landstraße 20, 5231 Schalchen*

Denk Christine, Dietrichshofen 38, 4774 St. Marienkirchen, *Deftiger Jausenaufstrich 130*

Detzlhofer H., 4980 Antiesenhofen 57, *Eierkäse (Oakas) 89*

Verzeichnis aller Einsender

Dobler Gisela, Edtz 21, 5273 Roßbach, *Gebackene Brennessel 96*
Doppler Anna, Aschlberg 8, 4201 Gramastetten, *Erdäpfel-Grießknödel 76*
Dorfer Helene, 4975 Suben 70, *Schnittlsuppe 26, Feiner Rehrücken 117,
   Uriger Brotaufstrich 132*
Dorfmayr Wilhelmine, Wimhölzlstraße 24, 4020 Linz, B*utternockerln 27,
   Sacherkäse 131, Fischaufstrich 132*
Dötzlhofer Rosa, Ittensam 8, 4653 Eberstalzell, *Rahmdalken 97*
Dürager Leopoldine, Eggelsberg 53, 5142 Michaelbeuern*

Eder Franziska, Eisenbirn 18, 4792 Münzkirchen, *Nußlikör 142*
Edlinger Hedy, *Lamm in Bierbeize 38*
Eggner Margarethe, Prinz-Eugenstraße 10, 4020 Linz*
Emmerstorfer Emma, Salzburgerstraße 43, 4600 Wels, *Wasserschnitten 138*
Enzenhofer Viktoria, Linzerstraße 41, 4050 Traun, *Brauner Kirschen- oder
   Weichselkuchen 111*
Eschlböck Maria, Bräuberg 20, 4730 Waizenkirchen, *Rahmsuppe – Echte Seisuppe 13*

Faderl Ilse, Alleitenweg 30, 4030 Linz, *Gefülltes Rindsherz 54,
   Gmundner Schweinszüngerln 67*
Feichtenschlager Elisabeth, Eigelsberg 1, 5251 Höhnhart, *Gewickelte Rindsschnitzel 42,
   Teufelfleisch 49, Apfel-Nuß-Kuchen 108*
Feichtinger Hilde, Badstraße 22, 4722 Peuerbach*
Feichtlbauer Johanna, Pirach 3, 5120 St. Pantaleon*
Feilmayr Cornelia, GabÈsstraße 39, 4030 Linz, *Roggen-Bier-Weckerln 127*
Fellner Gertraud, Grub 9, 4901 Ettnang/H., *Rhabarber-Bananentorte 105*
Fischer Johanna, Zaglau 7, 4160 Aigen, *„Rohe" Erdäpfelsuppe 17*
Flixeder Erika, Hilligan 6, 4743 Peterskirchen*
Franke Ulrike, Rudolfstraße 30, 4040 Linz*
Franz Ulrike, Rudolfstraße 30, 4040 Linz, *Saftige Linzertorte 104*
Freund Theresia, Aschbrechting 6, 4922 Geiersberg*
Fries Hildegunde, Grillparzerstraße 7, 4560 Kirchdorf, *Schwammerlsuppe 21,
   Kohlgemüse 81*
Friesenecker Helga, Dietach 7, 4600 Wels, Kastanienhühnersuppe 24, *Germknödel 92,
   Vollmehl-Nußroulade 115*
Frühwirth Ernestine, Edenluss 9, 4040 Linz*
Fuchs Christa, Schürberg 50, 4793 St. Roman*
Fuchsberger Anni, Grubleiten 5, 4892 Fornach*

Gastinger Hermine, Unterhart 17, 4101 Feldkirchen/Donau*
Graf Herbi, Porzellangasse 38, 4600 Wels*
Grilz Berta, Magetsham 37, 4923 Lohnsburg, *Karottentorte 105*
Gruber Ilse, Breitnerstraße 18, 4111 Walding, *Fleischknödelsuppe 26*

Verzeichnis aller Einsender

Gruber Karin, Scharitzerstraße 31, 4020 Linz*
Grubinger Theresia, 4882 Oberwang 51*

Hable Philippine, Mariahilfgasse 36, 4020 Linz, *Mostbratl 36*
Hagenauer Mathilde, Holz 21, 5222 Auerbach*
Hammerer Helga, Trattmannsberg 13, 5222 Munderfing*
Haneder Maria, Oberlembach 4, 4132 Lembach, *Kochkäse 133, Käse-Obstsalat 133*
Hanl Monika, Hauptstraße 39, 4222 Langenstein, *Geflügel-Gelatine 135, Würziges
    Baguette 138*
Harner Hedwig, Endt 11, 5122 Ach, *Erdäpfelauflauf 70*
Hartl Elfriede, Schaunburgerstraße 14, 4070 Eferding, *Spätzle-Auflauf mit Käse
    überbacken 60*
Hauder Maria, Oberlembach 4, 4132 Lembach, *Glasierte Gewürzschnitten 112*
Hauser Kathi, 4841 Ungenach 24, *Linsenlaibchen 72*
Heimer Anna, Anbach 2, 4680 Haag/Hausruck*
Heinz Gertraud, Am Anger 31, 4560 Kirchdorf*
Heinzl Rosa, Unionstraße 149, 4020 Linz*
Hellwagner Irmgard, Ornetsedt 6, 4752 Riedau, *Joghurttorte 103*
Herber Ing. Franz, Manzenreith 60, 4240 Freistadt, *Mühlviertler Erdäpfelkipferln 118*
Hessenberger Ingrid, Preising 24, 4844 Regau, *Murhachtl 57*
Hillbrand Helga, Steinach 8, 4822 Bad Goisern, *Kalte Joghurttorte 87*
Hinterwirth Theresia, Stockbauer, 4562 Steinbach am Ziehberg 166, *Pfefferhendl 31*
Höglinger Rudolf, Gusenstraße 20, 4223 Katsdorf*
Holzer Ernestine, Weinviertl 3, 4251 Sandl, *Topfenschmarrn mit Erdbeersauce 94*
Huber Hermine, Semmelweißstraße 12, 4600 Wels*
Hübsch Hanna, Sebekstraße 14, 4400 Steyr*
Hummelberger Marianne, 4580 Windischgarsten 295, *Erdäpfel-Serviettenknödel 78*
Hummelbrunner Leopold, Neue Landstraße 27, 4655 Vorchdorf, *Speck-Erdäpfel-Salat 83,
    Sommer-Rendezvous 88, Ribiselschnitten 107*
Hummer Ernestine, Unterapping 3, 4904 Atzbach*

Jäger Margit, Linzerstraße 28, 4050 Traun, *Lammragout „Kürbistopf" 52*
Jungreithmayr Margarete, Moostal 21, 4623 Gunskirchen*

Kabicher Helene, Leonfeldnerstraße 128 a, 4040 Linz*
Kainz Theresia, Birkenweg 4, D-8391 Obernzell, *Gschwendtknon 27*
Kaltenbrunner Michaela, Brunnenweg 1, 4522 Rohrbach, *Linzer Brezeln 122*
Kastner-Blumschein Hanna, Koberbergweg 14, 5020 Salzburg, *Krautsuppe 21,
    Wespennester aus Erdäpfelteig 91, Erdäpfelnudeln (Tamborschwanzln) 91*
Kaufmann Renate, Schulstraße 20, 4050 Traun, *Hollerkoch 89*
Kern Hedwig, St. Thomas 2, 4910 Ried/Innkreis*
Kis Johanna, Hilbern 104, 4521 Schiedlberg*

Verzeichnis aller Einsender

Kohlbauer Hermine, Steindorf 108, 4863 Seewalchen, *Blunzentascherln 65*

Kokot Monika, Gnadlingerweg 5, 4650 Edt, *Pfefferente in Rotweinsauce 34, Faschierte Laibchen in Karotten-Sellerie-Sauce 55*

Kölblinger Isolde, Carlonestraße 5, 4840 Vöcklabruck, *Zimtsterne 122*

Kopf Rainer, Eisenstraße 20, 4452 Ternberg*

Kostak Maria, Waldstraße 9, 4490 St. Florian, *Gerollte Lammschulter 39, Große Osterpastete 66, Zwiebelomelette 137*

Krammer Margit, Leharstraße 257, 4050 Traun*

Kranewitter Hannelore, Pestalozzistraße 44, 4030 Linz, *Pikantes Senffleisch 53*

Laabmayr-Auinger Anna, Hart 9, 4943 Geinberg*

Lacher Monika, Steinerne Wehr 30, 4812 Pinsdorf, *Feine Knoblauchsuppe 18, Kokoskuppeln „Spitze"″120*

Lackner Hedwig, 4115 Kleinzell 45*

Lackner Rosa, Rienberg 14, 4081 Hartkirchen*

Lahnsteiner Erika, Marktfeld 23, 4890 Frankenmarkt, *Kohlcremesuppe 82, Rotkrautsalat 84, Hoanslschoaßl mit Kletzensauce 98, Vollkornbiskuitroulade 114, Topfengewürzbrot 125*

Lang Maria, Matthias-Maygang 8, 4020 Linz, *Leberschöberln 28*

Langgruber Angela, *Putenschnitzel mit Pfeffersauce 48, Hollerschnaps 141, Brombeerschnaps 144*

Leeb Ernestine, Sameting 6, 4720 Neumarkt/H.*

Lehner Brunhilde, 4201 Eidenberg 2, *Durstiger Bauer 115*

Lehner Brunhilde, 4201 Eidenberg 2, *Mehlhansl 26*

Leitner Karoline, Wiesham 4, 4624 Pennewang*

Lettner Maria, Hinterholz 32, 4933 Wildenau, *Hirselaibchen 71*

Lidauer Theresia, Hauptschulstraße 15, 4802 Wolfsegg/H., *Erdäpfelschnitzel 63, Krautsami 63, Blaukraut 80*

Lidolt Erwina, Pestalozzistraße 44, 4030 Linz, *Oberösterreichischer Mostbraten 35*

Mahringer Karolina, Tiefenbach 16, 4871 Zipf, *Eierlikörtorte 104, Hausbrot 126, Salzstangerln 128*

Maier Inge, Oberkriebach 27, 5122 Ach/S.*

Maureder Bert, Alleitenweg 37, 4030 Linz, *Saure Boana 46*

Mayr Maria, Mittlerer Graben 1, 4070 Eferding*

Mayrhofer-Keresztesi Maria, Hessengasse 2, 4880 St. Georgen/Attergau, *Grammelkuchen 107*

Möderl Rosa, Ödmühlweg 42, 4040 Linz, Stöckelkraut 81, *Zucchinikuchen 109*

Moser Edith, Lederau 2, 4655 Vorchdorf, *Kotelett mit Knoblauchhaube 44*

Moser Hedwig, 5164 Seeham 259, *Neun-Kräuter-Suppe 20*

Moser Waltraud, 4971 Eitzing 72, *Zwetschkenauflauf 93*

Mühlegger Maria, Steinerne Wehr 30, 4812 Pinsdorf, *Ameisengugelhupf 116*

Verzeichnis aller Einsender

Mülleder Josefa, Dr. Knechtlstraße 23, 4050 Traun*

Nagele Roswitha, Lustenauerstraße 13, 4020 Linz, *Erdäpfelbrot 125, Buttermilchweckerln 128, Sardinenaufstrich 131, Hollerlikör 144*
Nagl Ernestine, Obereck 39, 5242 St. Johann/Walde, *Gedünstetes Kraut mit Brotschnitten 61, Gesundheitslikör 144*
Neuböck Frieda, Haiding 58, 4631 Krenglbach*
Neulinger Ernestine , Hauptplatz 12/6, 4053 Haid*
Neunkirchner Charlotte, Pechrerstraße 22, 4020 Linz, *Grießknödel 79, Pizzatasche 137*
Nichterl Elfriede, Schießstätte 20, 4360 Grein, *Hollergatsch 146*

Oberlik Anna, Schloßgasse 7a, 5270 Mauerkirchen*
Obermüller Maria, Remersdorf 3, 4083 Haibach, *Seisupp'n mit an Oafisch 14, Mühltaler Knoflsuppe 19, Leberschädel 67, Reisknödel 88, Haibacher Rahmkoch 99*
Obermüller Herta, Bahnhofstraße 69, 4150 Rohrbach*
Oberndorfer Gabi, Inharting 57, 4623 Gunskirchen, *Bohnenstrudel 79*
Ornetsmüller Theresia, Fassing 5, 4923 Lohnsburg *

Pachinger Christine, Stiftung 33, 4261 Rainbach/Mühlkreis*
Pachner Christine, Haiderstraße 21, 4190 Bad Leonfelden*
Palm Otto, Im Weingarten 5, 4020 Linz*
Pernegger Eva, Otto-Glöckelstraße 7/7, 4400 Steyr, *Nobler Rindsbraten 36, Gangene Erdäpfelbaunkerln 74, Waldviertler Erdäpfelknödel 77, Zimtgugelhupf 109, Quittenbrot 146, Essigkirschen 147, Beschwipste Weichseln 148*
Peyreder Maria, Adolf-Schärf-Straße 7, 4040 Linz*
Pichler Anni, Untersonnberg 19, 4180 Zwettl, *Erdäpfelschädl 66*
Pillichshamer Maria, Winkl 5, 4873 Frankenburg*
Pleiner Gabriele, Am Ipfbach 132, 4490 St. Florian*
Pobitzer Helga, Schnalla 66, 4910 Tumeltsham, *Oaschmoizfleg (Eierschmalzflecken) 73*
Pointner Maria, Resselstraße 4, 4614 Marchtrenk, *Holzknechtpalatschinken 64*
Pürstinger Anna, 4540 Bad Hall, *Bad Haller Lebzelteromelettes 99*

Ranseder Rosa, Sindhöring 15, 4973 St. Martin, *Buttermilchlauchsuppe 14, Eis-Gugelhupf 87, Pikanter Knoblauch 149*
Redhammer Anita, Bernhoferstraße 18, 5270 Mauerkirchen, *Beiried in Weißweinsauce 41*
Redhammer Paula, Geretsdorferstraße 15, 5270 Mauerkirchen, *Gebackener Grieß 101*
Redl Annemarie, Neuhof 3, 4331 Naarn, *Kraut-Gemüseschnitzeln 62, Polsterzipf 98*
Reichinger Frieda, Matzelsberg 9, 4952 Weng, *Topfenauflauf mit Äpfeln 95, Erdäpfelkas 129, Nußschnaps 143*
Reif Henriette, Schweizersberg 100, 4575 Roßleithen, *Mostgelee 147*
Reisinger Juliane, Veitsdorf 32, 4210 Gallneukirchen, *Bauernpfanne 56*

Verzeichnis aller Einsender

Remtisch Annegret, Ramingdorf 72, 4431 Haidershofen, *Mosthendl 32, Käsekugeln 134, Käse-Mousse 134*

Resch Johanna, Lerchenweg 8, 4150 Rohrbach, *Dinkelsuppe 16, Brabanterkrapferln 121*

Rockenschaub Zäzilia, Baumgärtelstraße 9, 4040 Linz*

Roider Hedwig, Kotting 7, 4676 Aistersheim*

Schärfl Anna, 4752 Riedau 20*

Scharibauer Marianne, Messenbachgasse 11, 4770 Andorf*

Scheidleder Maria-Therese, Larnhauserweg 1, 4060 Leonding, *Bärlauchsuppe 19, Topfenknödel mit Kapernsauce 69, Vogerlsalat 82, Reistorte mit Beerenpüree 106, Hollerpunsch 141*

Scheutz Veronika, Stambach 73, 4822 Bad Goisern, *Grießsterz 96*

Schieferer Gertrude, Enenkelstraße 8, 4020 Linz*

Schiffecker Elfriede, Antiesenhofen 201, 4980 Antiesenhofen*

Schiffer Karoline, Gassnerweg 4, 4820 Bad Ischl, *Hollersekt 141*

Schild Aloisia, Silbering 2, 4092 Esternberg*

Schmidleithner Annemarie, Maierhof 70, 4971 Aurolzmünster, *Gestürztes Sauerkraut 61*

Schmidt Regina, Grolzham 18, 4680 Haag/Hausruck, *Feine Käsesuppe 24*

Schmied Sieglinde, Knolgutstraße 43, 4030 Linz, *Schokoschnitten 113*

Schnellenberger Hermine, P. Roseggerstraße 3, 4563 Micheldorf, *Rettich-Erdäpfelsalat 83*

Schrattenecker Leopoldine, Höschmühl 8, 4924 Waldzell Ried/I., *Nußschnaps 143*

Schröder Erika, Innertreffling 44, 4210 Gallneukirchen, *Gschlamperter Mühlviertler Rahmstrudel 90*

Schütz Christine, 4760 Raab 187*

Schwarz Katharina, Wolfsedt 2, 4775 Taufkirchen*

Schwarz Maria, Höretzberg 8, 4791 Rainbach/Innkreis, *Schweinsrouladen nach Bauernart 47, Apfelbaikerl 108*

Schwarzlmüller Johanna, Grünbrunn 1, 4491 Niederneukirchen, *Steyrer Flößerbraten 37, Lammbraten 38, Weißkrautbraten 40, Champignonlaibchen 56, Gemüselaibchen 71, Mostkeks 121*

Schwarzwald Marianne, 5241 Maria Schmolln 18, *Beuschel 50*

Schweinschwaller Maria, Tröstlberg 48, 3351 Weisbach, *Glasierte Mohnschnitten 116*

Seidler Claudia, Harneckerstraße 27, 4040 Linz*

Seifriedsberger Rita, Breitenstraße 9, 4870 Vöcklamarkt, *Gebackene Zwetschkenknödel 97*

Semmelbauer Resi, Edelhof 47, 3350 Haag, *Überbackene Koteletts 45*

Sperl Maria, Geretsdorf 7, 5274 Burgkirchen, *Specksauerkraut 80*

Spieler Aloisia, Arnberg 16, 4931 Mettnach Ried/Innkreis*

Spießberger Marianne, Mattigstraße 86, 5280 Braunau, *Salzstangerln gebacken 136*

Spindler Hermine, Majorweg 10, 4063 Hörsching*

Stadler Resi, Traxenbichl 22, 4644 Scharnstein, *Echter „hausgemachter" Nußlikör 142*

Verzeichnis aller Einsender

Stelzer Maria, Mengerstraße 2, 4040 Linz*

Stiglbrunner Maria, Minaberg 1, 4981 Reichersberg, *Schweinsfilet in Kräuterrahm überbacken 37*

Streif Hermine, Jubiläumstraße 6, 5280 Braunau, *Weinbeerschlägl 92*

Terdan Gertrude, 4552 Wartberg/Krems 102, *Butterstöre 127, Paradeismarkt für Pizza 149*

Thalhammer Irmgard, Ritzling 5, 4904 Atzbach, *Donauwellenkuchen 117*

Tomek Eva, Sonnensteinstraße 7, 4040 Linz, *Germsuppe 15, Reindlrostbraten 41*

Trautendorfer Inge, Schauern 9, 4826 St. Aegidi*

Treml Anna, Ahorn 9, 4184 Helfenberg, *Chinakohlsalat mit Kren 82, Topfengolatschen 119*

Troyer Erika, 4572 St. Pankraz 58*

Truckenthammer Franz, Fasangartenstraße 22, 4650 Lambach, *Lumpistrudel 28*

Ullmann Anneliese, Edenbach 17, 4971 Aurolzmünster*

Wagner Theodora, Aschlberg 43, 4201 Gramastetten*

Walch Christine, Neumühlstraße 30, 4284 Tragwein*

Waldbauer Roswitha, Seidelbastweg 23, 4030 Linz*

Wehner Herbert, Lindenstraße 24, 4600 Wels, *Wehners feinspitzige Spiegeleier 74*

Weigel Hermine, Kranewittweg 73, 5280 Braunau, *Katzengschroa 51*

Weinhäupl Rosi, Raimundstraße 14, 4840 Vöcklabruck, *Weyrer Hammerherrn-Schnitzel 47*

Wimmer Brigitte, Pappelleiten 22, 4655 Vorchdorf*

Winkler Manuela, Diendorf 17, 4160 Schlägl, *Dinkel-Gemüse-Auflauf 70*

Winter Gabriele, Siemensstraße 4/12, 4400 Steyr*

Wödlinger Hilde, Auf der Wies 10, 4040 Linz*

Wöhrer Josef, 4113 St. Martin 12*

Wolkerstorfer A., Allersdorf 9, 4174 Niederwaldkirchen, *Hochzeitsschnitzel 46, Reisatstöckl 65*

Wolkerstorfer Julia, Allersdorf 9, 4174 Niederwaldkirchen*

Wolkerstorfer M., Allensdorf 9, 4174 Niederwaldkirchen, *Pfirsiche im Nest 120*

Wörlinger Gertrude, Langdorf 10, 4910 Mehrnbach, *Innviertler Mostsuppe 23, Paprikafleisch aus der Pfanne 49, Süßmostcreme 89, Innviertler Dampfnudeln 93*

Wührer Herta, Niederholzham 49, 4690 Schwanenstadt, *Erdäpfelkas 130*

Wurhofer Elfriede, 5145 Neukirchen/Enkn., *Saure Suppe 13*

Zikeli Christine, Pomedt 41, 4752 Riedau*

Zorbach Cäcilia, Fichtstraße 58, 4792 Münzkirchen*

Zweimüller Theresia, Pumberg 36, 4906 Eberschwang, *Hendl in der Bratlrein 33*

* Rezept konnte aus Platzgründen nicht aufgenommen werden.

Register

Register

Register

Register